어쨌든
사랑하기로 했다

어쨌든
사랑하기로 했다

사랑이 힘든 당신을 위한 심리학 편지

권희경 지음

사랑할 때 나는 어떤 사람인가요?

좋은땅

사랑을 시작한 당신에게

사랑을 시작하기가 두려운지요?

혹시 힘겹고 아픈 사랑을 반복하고 계시는지요? 부부 관계가 자꾸 힘들어져만 가나요? 더 행복한 사랑을 원하십니까? 우리 그럼 이 책을 열어보십시다.

갈등이 있을 때 두 사람이 함께 대화하며 풀어나간다면 가장 좋겠지만, 그러기가 참 어렵습니다. 서로 싸우고 있으니까요. 그러니 한번 숨을 크게 쉬고서, 우선 자신과 대화하면서 자신의 사랑을 찬찬히 한번 돌아볼 때입니다. 그리고 스스로 자문해봅니다.

"나는 무엇 때문에 힘들고 지쳤나?"

"나는 왜 상대를 사랑하는가?"

"나는 어떻게 사랑해왔는가?"

이보다 더 많은 질문들이 있을 것입니다.

이런 자문자답을 하다 보면, 사랑에 대한 자기의 과도한 기대나 그릇된 신념 또는 잘못된 행동을 만날 수도 있습니다. 더 나아가서 그동안 모르고 있었던 자기 욕구를 알기도 합니다. 자기 이해가 좀 더 깊어지는 것이죠. 만약 자기 이해의 과정 없이 계속 아픈 사랑을 반복하면 상처투성이가 되거나 어쩌면 괴물이 될지도 모르지요. 자기 이해를 잘할 수 있게 되면 상대방의 마음도 이해하는 능력이 생기기도 합니다.

상담하면서 핑크빛 사랑이 잿빛으로 되어가는 것을 많이 보았습니다. "우린 결국 그 갈등을 풀 수 없었어"라고 말을 합니다. 그런 경우, 대체로 갈등 속에 있는 진심에 거의 관심을 두지 않습니다. 갈등에 담긴 진심이란 상대방을 향한 기대와 바람이며 갈등은 그것이 이루어지지 않는 것에 대한 실망과 불만과 분노입니다. 서로 진심을 상대에게 전하려 하지만 실상은 잘 듣지 못하고 자기 말만 하기 바쁩니다. 그럴수록 상대의 진심을 보지는 못한 채로 상대가 달라지기만을 바라니 이득도 이해도 없는 싸움이 반복되지요.

사랑이란 꼭 두 사람이 같이 해야 하는 것이지만, 갈등을 줄이고 풀어나가는 것은 우선 나부터 할 수 있다는 점에서 좀 다릅니다. 갈등을 풀어가려면 각자가 자기를 좀 알아야 하고, 자신과 상대의 사랑 방식을 잘 볼 수 있어야 하며, 대화 능력이 있어야 합니다. 사랑은 자기를 모르고 상대를 몰라도 열정과 욕구의 힘으로 불타오를 수 있지만, 갈등은 이성과 감성이 함께 작동해야 풀려갑니다. 자기도 모르고 상대방을 알려고 하지도 않은 채로 갈등을 마주한다면 관계는 더 꼬이고 멀어집니다. 그러니 갈등을 잘 풀어가는 것 자체가 큰 사랑이고 성숙입니다.

이와 같이 갈등을 풀어나가는 것이 사랑을 위한 필수적 과업임에도, 많은 커플은 갈등을 어떻게 이해해야 하는지, 어떻게 풀어가야 할지 모르고 있습니다. 커플 및 부부 상담을 하다 보면 이것을 정말 실감합니다. 일에서는 매우 유능하고 사회생활도 잘하는데도, 그리고 머리가 좋은 사람인데도 갈등 앞에서 무력해지고, 사랑을 멈춥니다. 그러나 그들이 조금만 더 갈등에 대처하는 방법을 알려고 한다면 사랑을 멈추지 않고 계속 이어갈 수도 있답니다.

갈등을 해결하고 사랑을 쌓는 가장 좋은 길은 사랑하는 사람과 진정성 있게 대화하는 것이겠지만 그게 어려우니 우린 다른 방법들을 찾지요. 가령 믿을 만한 친구와 사랑 고민을 나누거나 심리상담을 시작하기도 합니다. 그것도 좋지만, 우선 스스로 자기 사랑을 돌아보며 내면을 들여다보는 시간을 갖는 것은 더욱 좋습니다. 그런데 혼자서만 마음을 다독이고 정리하기가 좀 어렵고 외로울 수도 있지요.

그럴 때는 이 책이 친구가 되어줄 것이라 믿습니다. 이 책 안에 있는 연인과 부부의 사랑과 갈등은 당신의 이야기이기도 합니다. 그들을 만나면서, 그들의 심정을 헤아리고 갈등이 풀어지는 과정을 함께하며 당신의 사랑과 갈등에 힌트를 얻을 수 있기를 기대합니다.

이 책이 나오기까지 저에게 힘이 되어준 많은 분이 떠오릅니다. 가장 먼저는 저와 함께 연애와 부부 관계에 대한 고민을 나눈 분들입니다. 그들은 힘들고 지친 가운데서도 관계를 위해 노력하고 결국 사랑의 행동을 해냈습니다. 거기서 저는 사랑의 힘을 볼 수 있었고, 그 힘에서 이 책이 나왔습니다. 그들에게 한없는 감사를 드립니다. 특히 갈등 해결이 어려워 사랑을 힘들게 포기해야만 했던 분들께도 경의를 표합니다.

그리고 무엇이든 재미있게 토론하고, 때론 심리학의 동료로서 때론 남편들의 입장에서 피드백을 아끼지 않았던 사랑하는 남편 장재홍님에게 감사와 기쁨을 전합니다. 또한 젊은 감각으로 어투와 글에 대한 생생한 피드백을 주었던 사랑하는 우리 아들에게도 고마움을 전합니다. 뿐만 아니라 상담센터에서 동고동락하며, 부모와 부부 상담의 길을 같이 걸어온 동생, 권영민님의 응원과 지지에도 감사를 전합니다.

그리고 저의 책《어쨌든 사랑하기로 했다》를 새로운 모습으로 출간해주신 좋은땅 출판사의 사장님에게도 감사를 드리며, 편집 및 디자인을 맡아주신 분들에게도 고마움을 전합니다.

무엇보다도 제가 힘들 때마다 기도로 이끌어주신 하나님께 깊은 감사를 올립니다.

이 책을 통해서 사랑에 대한 진실을 알게 되고, 사랑을 이루는 꿈을 갖게 되기를 기대하며, 당신을 이 책으로 초대합니다.

권희경

PART 3

PART 4

PART 1

연애가 어려운 당신,
나의 그림자가
문제일지 모른다

사랑이 내 마음처럼 안되는 이유가 뭘까?

그의 나쁜 성격 때문일까?

정서적 소통을 못 하는 그 사람이 문제일까?

내 마음속에 그의 약점이나 성질을 돋우는 무엇이 있지는 않을까?

나는 왜 나쁜 사람에게 매료되는 걸까?

사랑하는데 왜 외롭지?

정말 다양한 이야기와 원인이 있겠지만,

문제 해결의 실마리는 나의 그림자에 있는 경우가 많다.

그림자가 계속 내면에 웅크리고 있다면

사랑하느라 고통스러웠던 기억이 채 희미해지기도 전에

아픈 사랑을 또 반복할지도 모른다.

혹시 사랑을 방해하는 그 어떤 것들이 내 안에 숨어 있는지

한번 살펴보자.

내가 키운 허상과
사랑에 빠지다

_____ 무의식적 소망에서 나온 착각

'찾았다!'

드디어 K는 이상형을 만났다. 그녀의 밝게 웃는 모습, 천
사 같았다. 그녀가 예쁜 것도 좋았지만 발랄하고 긍정적인
성격이 정말 마음에 들었다. 활달하고, 사람들과도 잘 어울
렸다. 우여곡절 끝에 K는 그녀와 연애를 시작했다. 한 번은
K가 약속 시간을 잘못 알아서 못 만났는데도 그녀가 그냥
웃어넘기는 것을 보고 참 여유 있고 따스한 여자임이 틀림
없다고 믿었다. K는 그녀에게 완전히 빠져들었다.

그렇게 사랑을 키워가던 어느 날, K는 그녀의 낯선 모습을 보게 되었다.

"왜 그래? 무슨 안 좋은 일 있었어?"

그녀는 무기력해져 있었다. 말을 걸면 까칠하게 대꾸하며 차갑게 굴었다. 그녀가 스트레스를 받을 때면 이런 모습을 드러냈고, K는 그때마다 어떻게 해야 할지 몰랐다. 자기가 알던 여자가 사라지고, 다른 여자와 만나는 것 같았다. 그녀가 가라앉아서 한숨을 쉬고 푸념을 할 때면 그는 당황스러웠다. 잘 들어주려고 애썼지만 그의 표정 역시 굳어졌고 기분이 나빠졌다. 그래도 K는 그녀의 어두운 모습이 그녀의 진짜 모습이 아닐 거라고 믿으려고 했다.

그녀의 속마음은 어땠을까?

그녀는 K를 대화도 잘되고, 너그러운 사람으로 생각했다. 처음부터 전폭적으로 사랑해준 그에게 그녀도 사랑을 느꼈다. 점점 더 가까워지자 그녀는 K에게 힘들다고 푸념도 하고 싶고, 어린아이처럼 기대고도 싶었다. 그래서 힘들 때는 그가 좀 더 물어봐 주고 위로해줄 것을 기대했다. 그런데 그는 잘 묻지도 않고 불편해만 하니 실망스럽고 서운했다. '그렇게 든든하거나 넓은 사람이 아니네' 하며, 포기하는 마음마저 들었다. 그렇다고 해서 힘들고 짜증 날 때 밝은 표정으로 그것을 감추고 싶지는 않았다.

한편 K는 그녀의 본모습은 밝고 유쾌하고 긍정적이라고 계속 믿었다. 나아질 거야, 좋아지겠지, 하면서. 하지만 카페에서 만난 어느 날에도 그녀의 표정은 어두웠다. K는 걱정 반 불편함 반인 채 애써 위로하려고 말했다.

"너답지 않게 왜 그래."

그녀는 그 말을 듣고, 자기도 모르게 한숨을 내쉬었다. K는 순간 참기 어려워 날카롭게 말했다.

"나보고 어쩌라고 왜 맨날 내 앞에서 짜증 내고 힘들어하는 거야?"

그녀는 일어나 조용히 카페에서 나갔다. K는 자리에 그대로 앉아 있었다.

두 사람은 이제 어떻게 될까?

_____ 착각은 어디에서 나올까?

이성에게 한눈에 반하는 것은 자기가 원하는 대로 믿고, 보고 싶은 면만 더 크게 보기 때문이다. 아주 빨리 달아올랐다가 빨리 식을 수 있으며, 힘이 솟아나다가 확 빠지기도 한다. 사람들이 속아서 결혼했다고 푸념하는 것도 실상은 상대를 맘대로 해석한 탓일 때가 많은데, K도 그랬다. 원치 않는 상대의 모습은 외면하거나 포장했고, 원하는 밝고 예쁜 모습만 더 크게 봤다.

이런 착각 현상은 이상화idealization라는 방어기제에서 나온다. 자신이 원하는 어떤 좋은 면을 상대가 가지고 있다고 굳게 믿는 것이다. 여기서 '확대해석'과 '지레짐작'이란 사고의 오류를 범하기도 한다. 예컨대 근육질의 건장한 남자가 더 든든하게 나를 지켜줄 것이라거나 한 번의 작은 친절만으로 매우 자상한 사람이라고 믿는 것처럼.

이상화하는 내용은 각자 모두 다른데, 의식적으로든 무의식적으로든 본인이 강하게 원하는 소망이나 피하고 싶은 불안과 관련된다.《결혼과 소아기 감정양식》[1]의 저자 레온

사울^{Leon J. Saul}에 의하면, 배우자를 선택하도록 이끄는 요인
과 결혼생활에서 배우자에게 소망하는 일련의 내용은 어린
시절 좌절되었던 욕구와 관련이 깊다고 한다. 즉 심각하거
나 반복적인 욕구좌절은 그것을 계속 무의식적으로 갈망하
게 하고, 사랑에 빠질 때나 결혼생활을 할 때 쉽게 부활한다
는 의미이다.

그럼 K는 왜 그녀를 그렇게 이상화했을까? 그가 진정 소
망한 것은 무엇이고, 진정 피하고 싶었던 것은 무엇일까?

그의 과거 기억 속에서는 항상 힘들고 고달픈 엄마가 있
었다. 엄마는 늘 아들을 붙잡고 힘든 것을 미주알고주알 이
야기했고, 아들은 들어줘야만 했다. 엄마가 찌푸린 얼굴로
한숨 쉬며 말을 시작하면 엄마를 보고 싶지도, 넋두리를 듣
고 싶지도 않았다. 하지만 늘 들어줘야 한다는 압박감이 있
었고 그럴수록 외면의 욕구도 강해졌다. 그런 기억은 모두
무의식의 공간에 들어가 있었는데 그녀의 어둡고 힘겨운
표정이 K의 무의식적 소망과 불안을 자극해버렸다.

이렇듯 K는 무의식적으로 그녀가 '밝고, 따스하고, 편안

한 엄마'가 되기를 간절히 바랐고 그녀가 보여준 예쁜 미소와 밝고 편안한 모습을 그녀의 전체 모습으로 이상화한 것이다.

상대를 이상형에 가두어둔 채 착각에서 깨지 않는다면 이런 상황은 한 번만으로 끝나지 않을 수 있다. 그는 다른 사랑에서도 '이상형'만을 꿈꿀 테니까.

✿ K에게

당신에게 힘들다고 의존하려는 그녀의 모습은 당신도 모르고 있던 아픔을 자극했네요. 당신이 애착하던 엄마가 안 좋은 표정으로 힘들다는 말을 자주 했으니 당신의 감정도 덩달아 힘들고 불안했을 거예요. 원래 자녀는 부모의 정서에 쉽게 전염되니까요.

당신의 어린 시절 마음을 이해해주고 보듬어줍시다.

"엄마 감정이 힘들면 나도 불안했어. 그런데 엄마 말을 피할 수도 없었으니, 힘들었어. 게다가 난 어렸잖아."

자기를 안다고 해서 옛날의 아픔이 다 치유되는 것은 아니지만, 그래도 당신의 아픔을 그녀에게 투사하지는 않을 수 있어요. 그러면 그녀의 어두운 면에 대한 거부감이 줄어들겠죠. 그 첫 시작은 자기를 아는 거예요.

그리고 그녀의 푸념이나 투정은 그냥 들어주고 알아주기만 해도 충분해요. 그러다보면 어느새 그녀는 다시 힘을 얻는답니다.

착한 여자
신드롬

_____ 주기만 하는 사랑, 그 아픔

"S야, 이번 달에 카드값이 너무 나왔어. 지금 이쪽으로 돈
좀 보내줄 수 있어?"

"S야, 진짜 미안한데, 우리 상견례 날 좀 미루면 어떨까?
내가 진짜 바빠서."

그는 S에게 이렇게 자주 부탁한다. 그녀는 "지난번 돈도
아직 안 갚았잖아" 하면서 또 돈을 부쳐주고, 부모님 기분
상하지 않게 눈치 보며 어떻게든 상견례도 미룬다. 싸우고
갈등이 일어날 법도 한데 남자는 부탁하고 여자는 들어주
는 관계로 굳어졌다.

S는 그의 부탁을 외면하기 어렵다. 자기가 조금만 도와주면 다 되는 것을, 그를 더 힘들게 하고 싶지 않았으니까. S의 친구들은 그런 그녀를 무척 답답해했다.

"너 진짜 왜 그래? 걔 완전 자기 편한 대로 하는 거 모르겠어? 정신 좀 차려."

S도 모르는 바 아니지만 한편으로는 그를 도와줄 수 있어서 다행이고, 뿌듯하다고 생각한다. S를 도우려던 친구들은 점점 아무 말도 하지 않게 되었다.

S의 이런 마음은 동성 친구에게는 별로 일어나지 않았다. 유독 이성 관계에서만 '착한 여자'가 되었다. '얼마나 힘들면 그렇게 했겠어'라는 측은지심이 들고, 서로 도우면 사랑이 더 깊어질 것으로 기대했다.

작년에 사귄 남자와도 그랬다. 그가 계속 취업에 실패하는 게 애처로워서 데이트 비용을 모조리 내며 만났지만 결국 그는 취업을 못 했고, 술독에 빠져버렸다. 둘은 헤어졌다. 또, 더 어렸던 20대 초반에 만난 남자와도 비슷한 문제가 있었다. 남자가 성관계를 너무 절실히 원하니 들어주었는데, 이것으로 깊은 상처를 입기도 했다.

어쨌건 지금 남자친구와 만날수록 그녀의 얼굴에서 웃음기가 사라지고 있다. 그녀는 이 남자만큼은 배려할 줄 아는 사람이라고 생각했다. 그러나 또 자기가 맞추어 주는 쪽이 되니 '정말 이번에도?'라는 생각이 들어서 고심 끝에 상담을 시작했다. 상담이 거듭되자 그녀는 질문이 생겼다.

'왜 도와주고 해결해주어야 내 마음이 편해지지?'

'그 사람도 좀 힘들면 안 되나? 그가 어려운데 내가 왜 더 불편하지?'

그녀는 도대체 왜 자꾸 자기가 '착한 여자'가 되는지 알고 싶었다. 남자 보는 눈이 없어서, 나쁜 남자를 만났기 때문이라고 생각했는데, 그녀는 자신에 대한 새로운 사실을 하나 깨닫기 시작했다.

놀랍게도 자기가 먼저 자연스럽게 맞춰주고 챙겨주었음을. 그런 사실을 처음에는 받아들이기 어려웠다.

'남자들이 부탁하니까 그런 거지 설마 내가 먼저 그랬을 리가…'라고 생각했지만, 돌이켜보니 그게 아니었다. 특히 의존성 강한 남자들은 그녀의 착한 모습에 더욱 길들어져 갔다는 사실을 깨달았다.

S는 자신의 이런 사랑 양식이 도대체 어디서 강해진 것인지 알고 싶었다. 어렴풋하게 부모와 있었던 일, 불안했던 것들이 떠올랐지만 그저 파편 같은 조각들이었다. 그녀는 그 조각들을 맞춰보고 싶었다.

_____ 구원자 역할을 자청하는 이유

그녀는 왜 그렇게 도와주고 미리 알아서 해주는 쪽으로 강하게 동기화되었을까? 그녀 안에 숨은 동기^{motivation}와 욕구^{need}는 무엇일까? 동기는 움직이려는 힘이고, 욕구는 필요한 것이다. 주로 욕구가 일어나면 그것을 충족할 수 있는 쪽으로 움직이게 된다. 그녀는 무엇이 필요해서 그렇게 주기만 하고 돕는 쪽으로만 움직이게 되었을까?

인간의 동기와 욕구 문제는 매우 단순하다. 무의식적 작용을 거치기 때문에 복잡해 보일 뿐이다. 좀 더 풀어서 말하자면, 너무 무서운 어떤 것을 도저히 피할 수 없거나 또는 너무 사랑과 관심이 필요한데 도저히 얻을 수 없을 때 매우 자동적으로 그 괴로운 심정을 가릴 수 있는 방어막을 사용

한다. 즉 방어기제를 발동시켜서 자기 욕구를 자기도 보지 못하도록 숨겨버린다.

그녀의 강한 욕구는 '의존하고 싶음'이었다. 즉 자기가 기댈 수 있는 대상이 필요했다. 그런데 그녀의 어린 시절 경험으로 형성된 무의식 세계에서는 '너는 의존할 수 없어, 어디 기댈 데도 없어'라는 목소리가 끊임없이 들렸고 그 무의식의 소리는 너무나 끔찍했다. 그녀는 자신을 보호하기 위해 방어막을 동원했다. 그것은 '역할 역전role reversal'[2]과 '투사projection'라는 방어기제였다.

역할 역전이란 자신을 주체에서 객체로, 객체에서 주체로 바꿔놓고 행동하게 되는 것이다. 가령 보살핌과 관심을 받고 싶지만, 즉 받아야 하는 객체로써 그것이 잘 안 될 것이라고 여겨질 때, 자신이 누군가를 보살피고 애정을 주는 주체로 그 역할을 전환하는 것이다.

투사는 자신이 가진 욕구나 감정, 충동을 다른 사람이나 다른 집단이 가지고 있다고 믿는 것이다. 자신의 의존 욕구를 상대방이 가지고 있다고 믿으면서, 그것을 외면하면 마치 자기가 외면당한 듯 괴로워한다.

S는 조금만 힘든 사람을 보면 그 사람을 향해서 자신의 의존 욕구를 투사했다. 그러면서 돌봄을 받는 객체, 곧 대상이 되고 싶었지만 도저히 불가능하니, 돌봄을 주는 주체, 곧 구원자가 되면서 대리 만족을 얻었다. 동병상련은 자기 아픔을 알고 남의 아픔을 같이 느끼는 상태인데, 투사라는 방어기제는 진짜 욕구와 불안을 자각하지 못하게 만든다. 욕구나 불안을 느끼면 그냥 무의식으로 넘겨버린다. 방어기제는 자기 마음을 모르게 가려버린다.

S는 관심과 인정을 원했지만 자기 힘으로 얻을 수가 없었다. 의존하고 싶어도 그 대상이 없었다. 거의 사춘기가 될 때까지 오빠가 주인공인 무대에서 살아야만 했다. 오빠는 남자니까, 약하고 작게 태어났으니까, 그리고 공부를 아주 잘하니까 부모는 늘 오빠를 주인공으로 만들었다. 그녀는 여자니까, 튼튼하고 크게 태어났고 공부를 보통으로만 하니까 주인공은커녕 늘 무대 밖에서 혼자 바라보고 혼자 박수 칠 수밖에 없었다.

그래서 그녀는 사춘기 때 로맨스 만화와 영화를 많이 보았고 남자들에게 사랑받는 주인공이 되는 상상을 많이 했다. 아주 잠깐 행복하다가, 다시 현실로 돌아오면 오빠가 주인공인 집의 한 귀퉁이에 있었다. 그런데 중학생이 되면서 존재감을 찾는 방법을 알게 되었다. 남자애들에게 친절하게 하고 웃으니 나를 좋아하는 애가 생겼다. 친구들에게도 조금 더 착하게 하니까 내게 부탁까지 했다. 집에서도 큰언니가 하던 집안일을 도맡으니 엄마가 나를 찾았다. 이런 깨달음들은 그녀의 몸과 눈을 자동으로 환경과 타인을 향하게 했다. 그리고 거기에 익숙해져 갔다.

성인이 되어 연애를 하면서는 자신의 의존 욕구를 슬쩍 밀어냈다. 그들에게 맞춰주면서 하나 되는 경험을 하려고 했다. 특히 힘들고 어려운 남자를 도와주면서, 자신에게 힘이 생기는 것처럼 느꼈다. S는 누군가에게 필요한 존재가 되면서 안정을 찾은 것이다. '누군가 필요한 것은 바로 나 자신'이라는 사실을 자각하지 못한 채 말이다.

S는 아무도 도와주지 않는 무대 뒤에서 너무 고달팠고, 그것을 그냥 무의식으로 넘겨버렸다. 그러나 무의식적 소망은 쉽게 없어지지 않는다. 그동안 얼마나 공허하고 외로웠을까?

이제 당신이 할 일은 자기 마음과 바람을 스스로 알아주고, 존중하고, 살피는 거예요. 나도 기대고 싶어, 나도 힘들어, 나를 좀 챙기고 보살펴줘, 하는 자기 마음을 받아주세요. 그것을 토대로 말하고 또 부탁하면 상대방도 내 마음을 알아주고 받아줄 수 있어요. 이기적인 그 남자도 사랑을 놓치지 않기 위해 노력하게 되지요.

자신을 먼저 대우해주면 상대도 그렇게 사랑하는 법을 배울 수 있거든요. 만약 '우선 나부터'라는 태도에 그가 실망하고 떠난다면 '그래 가라' 하고 말없이 고이 보내주면 돼요. 그렇게 떠날 사람이면 언제든 갈 테니까요.

대개, 자기를 먼저 사랑하기 시작하면 남들도 나를 사랑해주는 행복한 일이 일어나곤 한답니다.

자라지 못한
자존감

_____ 그 사람, 과연 변치 않을까?

벌써 반년이 돼간다. Q는 4살 연하남과 교제 중이다. 하지만 그녀는 '이 연하남과의 관계가 얼마나 오래갈지' 걱정이다. "나보다 더 어린 여자도 많을 텐데, 내 모습 전부를 알고 나면 실망할 텐데, 놓쳐버리면 어쩌죠?"

자꾸 마음속에서 걱정이 스멀스멀 일어난다.

그런데 최근에 더 신경 쓰이는 일이 생겼다. 남자친구의 회사에 그를 좋아하는 여자가 있다는 사실이다. Q는 쿨하고 싶었지만, 자꾸 애인의 행동을 요리조리 살피며 체크하게 되었다. 그에게 바로 묻지 않고 그의 마음이 과연 변하는지,

안 변하는지 확인하고 싶었다. 그러던 와중에 남자친구가 회식을 늦게까지 하면서 그녀에게 연락을 못 한 일이 있었다. 물론 그 자리에 그 여자도 있었다. Q는 밤새 뒤척였다.

그래도 그녀는 이런저런 의심이나 불쾌감을 드러내지 않았다. 오히려 더 쿨하게 대했다. 그녀는 자기 속을 다 드러내는 것이 자존심 상하기도 했고, 얘기한다고 상대방이 달라질 것 같지도 않았기 때문이다.

그녀의 이런 태도는 남자친구 마음을 더 주춤거리게 했다. 가령 그는 그녀와 만나지 못하는 날에 '보고 싶어 죽을 거 같애' 하며 이모티콘을 마구 보내는데 그녀는 알았다는 식의 짧은 대답만 한다. 그는 그녀가 '만나도 그만, 안 만나도 그만'인 것 같아서 서운하고 마음도 시들해진다.

Q는 이전 남자에게도 비슷한 태도를 취했다. 남자의 마음이 조금이라도 시들해지는 것 같으면 자기 마음을 얼른 거둬들이거나 때로는 엉뚱한 일로 화내며 헤어지자고도 했다. 그러면 남자들은 그녀를 달래주려 이런저런 노력을 했지만, 관계는 오래가지 못했다. Q는 늘 '그 사람, 과연 변치 않을까?'라는 의심을 하면서 더 다가가지 않고, 변치 않을

누군가를 소망하고만 있었다.

_____ '변치 않는 사랑'에 대한 갈망, 어디서 나올까?

그녀가 그렇게도 무조건적이며 변치 않는 사랑을 갈망하는 이유는 무엇일까? 그것은 결국 상처받기 두려운 마음 때문이다. 언제 변할지 모르는 마음을 믿었다가 상처받는 것은 죽기보다 싫었기 때문이다.

그럼 사랑을 믿지 못하는 마음은 어디에서 왔을까? 결론부터 말하자면 '자존감'과 깊이 관련된다. 자존감이 낮으면 자기 자신을 존중하지 못하고 의심하고 못마땅해한다. 자신이 타인에게 사랑받기에는 부족한 것 같이 느끼고, 그래서 사랑이 사라질지도 몰라 불안하다.

자존감은 안타깝게도 자기 혼자서 키우기 어려운 경우가 많다. '자기'를 봐주는 누군가의 느낌과 생각이 필요하다. 그래서 자존감 이야기를 하면 자꾸 부모가 따라올 수밖에 없다. 대상관계 및 대인관계 심리치료 이론에 따르면, '자기'

는 돌봐주는 대상과 건강한 상호작용을 하면서 발달한다고 한다. 아기는 자기에게 미소 짓는 엄마 얼굴에 미소로 답하면서 '자기'를 느끼기 시작한다. 엄마가 자신을 원하고 있다는 느낌은 아기에게 안정감을 준다. 아기에게 '분리'는 곧 위협이기 때문이다. 엄마와 아기가 주고받는 미소와 교감은 서로 떨어지지 않도록 연대감을 튼튼하게 한다.

그러나 Q는 어린 시절을 생각하면 동생을 바라보며 흐뭇하게 웃고 있는 부모님 표정이 가장 먼저 떠오른다. 부모의 시선은 Q를 지나서 남동생에게만 꽂혔다. 네다섯 살의 Q는 부모의 표정을 살피며 부모가 자기를 보고서도 같은 표정이었으면 좋겠다는 바람을 가져본다. 하지만 그렇게는 되지 않는다. Q는 본능적으로, 부모와 같은 표정으로 동생을 예뻐하고 소중하게 여겨본다. 부모가 Q에게 잘했다고 한다. 부모가 잘했다고 하는데, 이상하게 그 표정은 다르다. 좋아하는 것 같지도 기쁜 것 같지도 않다.

그녀는 동생보다 더 관심받고 싶었고, 그래서 부모가 원하는 기준에 더 예민했다. 부모의 눈에 들고 싶은 욕구는 그녀를 더욱 성취적이고 열심이게 만들었다. 그래서 부모의 인정과 칭찬도 받았지만 애정에 대한 의심은 계속 들었다. '엄마 아빠는 과연 진짜 나를 좋아하는 걸까? 내가 못해도, 부족해도 날 좋아할까?' 조금 부족하거나 잘못하면 그나마 받던 애정조차 없어질까 두려웠다. 그렇게 인정에 매일수록 그녀는 더욱 애정을 느낄 수 없었다.

성인이 되면서 부모가 나를 좋아하지 않을 것이라는 생각은 그녀의 의식 세계에서 밀려났다. 대신에 그녀는 자신도 모르게 이성관계에서 애정의심을 반복하고 있었다. 그녀는 자기를 있는 그대로 좋아하고 환영하고 원하는 누군가를 애타게 그리워했다. 그 어떤 조건도 따지지 않고 무조건 사랑해주는 사람을 만나고 싶었다. 사랑하는 남자를 향한 끊임 없는 애정 불신의 정체는 자기를 좋아해주는 그 느낌이 절대로 자기에게 오지 않았던 그 좌절, 상처와 아픔이었다.

사람은 부모나 가까운 이로부터 원하고 좋아한다는 느낌을 받으면서 자기가 사랑받을 만한 존재임을 자각한다. '누군가가 나를 사랑할 것이라는 믿음'은 관계에 대한 기본적 신뢰감의 토대가 된다. 이것을 잘 길렀다면 '변치 않는 사랑'을 그렇게 갈망할 필요가 없다. 저 사람은 나를 좋아하지

않아도 나를 좋아할 다른 누군가가 있다고 믿고 있기 때문
이다.

❋ Q에게

변치 않는 사랑은 상대방이 아닌 자기 의지에서부터 출발
해요. 파트너가 때론 섭섭하게 해도 그리고 좀 부족해도
한결 같은 마음으로 사랑하겠다는 자기 마음이 더 중요해
요. 애정에 대한 믿음은 같이 키우고 쌓아가는 거잖아요.
한쪽에서 아주 많이 사랑한다고 믿음이 쌓이는 것은 아니
고 또한 열렬한 사랑이 영원한 사랑을 보장하는 것도 아닙
니다. 남녀 관계에 끼어드는 많은 변수들은 애정을 흔들어
놓을 수 있으니까요.

이미 완성된 영원불변의 사랑은 세상에 없을지도 몰라요.
변치 않는 사랑은 미리 존재하는 게 아니라 같이 만들어
가는 게 아닐까요?

약해지는
현실 검증력

_____ 집요함과 일방성

"나 임신했어."

그녀의 말에 T는 너무 기뻤다. 하지만 그녀는 달랐다. "난
결혼도 아이도 생각해본 적 없어. 너무 당황스럽고, 힘들
어. 시간 더 가기 전에 병원 가자."

"뭐라고? 어떻게 그런 얘길 해. 기쁜 일이잖아. 빨리 결혼
해서 아이 낳고 잘 살면 되지."

T는 그녀가 홀어머니와 힘들게 살아왔고, 늘 바쁘게 일해
야만 하는 것이 애처로워서 빨리 결혼해서 그녀를 편하게
해주고 싶었다. 그러나 그녀의 마음은 180도로 달랐다. 아

기를 낳는 것은 상상조차도 못했다고 하고, 아직은 결혼할 마음도 없다고 했다.

그는 도저히 받아들일 수 없었다. 둘의 아기이니 자기 의견도 중요하다고 하면서 이참에 결혼하자고 했다. 2주 동안 심각하게 대립하는 중에도 그녀에게 어디 갈 데가 있다고 하며 구청으로 데려가 혼인 신고부터 하자고 요구했다. 그녀는 그의 벽창호 같은 모습에 진저리가 나서 구청 앞에서 소리쳤다.

"우리 그냥 여기서 딱 헤어지자!"

그는 절대 그럴 수 없다면서 그녀를 놓아주지 않았다. 그러고는 다시 그녀를 설득했다.

"아기는 신께서 우리에게 주신 선물이야. 그 아기가 얼마나 귀한지 생각해보라고."

그녀는 T의 집요함이 두려웠고, 출산은커녕, 그와 함께 있는 것도 싫어졌다.

며칠 뒤, 그녀는 계단에서 사람들에게 밀려 넘어지는 바람에 유산했다. 그들 관계에 한바탕 소용돌이가 지나가고,

그녀는 이성적으로 차분하게 생각해봤다. 그리고 헤어지는 쪽으로 마음을 굳혔다. T에게 아직 결혼, 아기 그런 것을 받아들이지 못하겠다고 솔직한 심정을 전했다. 그리고 당신이 너무 자기 말만 하니까 그것도 너무 참기 힘들다고 하며 이 쯤에서 그만두자고 했다. 그의 고집은 평소에도 그녀가 답답해했던 모습이었고, 이번 일로 그녀는 그를 더 이상 좋아할 수가 없었다. 그러나 T는 여전히 받아들이지 못했다. 이해하고 싶지도 않았다. 그의 집요한 논리 하나는 '사랑하는데 왜 결혼을 못 하는가'였다.

"너와 행복한 가정을 꾸릴 수 있고, 너를 편안하게 해줄 수 있는데 왜 우리가 헤어져야 하지?"

이러한 승강이를 이어온 게 벌써 1년째. 둘 다 모두 참 괴롭다. 이런 상황에서 그녀가 결혼을 받아들여야 할 것인가? 그가 이별을 받아들여야 할 것인가?

_____ 집요함의 실체

아무리 좋은 의도를 가졌어도 '일방성'은 문제를 낳기 마련 이다. 자기감정과 욕구만 보고, 상대방이나 현실을 살피지 못하는 사람은 소통의 불구자다. 특히 남녀 관계에서 "나는 좋은데, 넌 왜 날 안 좋아해? 난 포기 안 할 거야. 너도 나를 좋아하게 될 거야"라고 앞뒤 없이 밀어붙이는 경우가 종종 있다. 이것은 자기가 원하면 될 것이라는 잘못된 희망과 이기심 때문이다. 게다가 이 사례처럼 마음속에 '선의'라는 것까지 더해지면 자기 마음만 정당하고 상대의 마음은 뒷전이 된다.

특히 미련이 강하고 근거 없는 희망이 강하면 집요해진다. 집요함의 실체는 '현실 검증력'이 약해진 결과다. 현실 검증력이란 현실을 있는 그대로 판단하고 받아들일 수 있는 능력으로, 신경증적 상태와 정신병적 상태를 구분하는 중요한 기준이 된다. 만약 T가 '그녀는 이미 나에게 마음이 떠났다'는 현실을 받아들인다면 그의 현실 검증력은 아직 살아 있는 것이다. 그의 마음이 아무리 고통스러워도 현실 검증력이 살아 있으면 신경증이라 한다. T가 현실을 받아들이지 못하고, 자기가 바라는 대로만 믿고 밀어붙이면 이미 정신 병적 상태로 가는 것이다.

사랑의 시작은 한 사람의 열정으로 가능하지만, 사랑의 끝은 한 사람의 변심으로 충분하다. 그러나 T는 계속 그녀의 변심, 곧 현실을 받아들이지 못하면서 집착했고 자기 욕구와 현실이 혼재된 채 점점 더 현실을 무시한 쪽으로 반응했다. 그의 자아는 무너지고 있었다.

_____ 스토킹도 일방성에서 시작된다

일방성은 어떤 관계에서든지 피해야 한다. 그런데 남녀의 관계에서는 의외로 허용되는 편이다. 물론 연애를 시작할 때 다소 일방적인 출발이 더 극적인 사랑의 결실을 볼 때가 있기도 하다. 그러나 그것은 금방 한쪽에서 그 마음을 받아들였을 때이다. 열 번 찍으면 안 넘어가는 나무가 없다는 속담도 연애에 적용하면, 일방적이고 집요한 구애 행위일 뿐, 그 이상으로 미화될 수 없다.

일방성이 심해지면 애정 망상이나 스토킹 행동이 일어나기도 한다. 상담을 하다 보면 집요하게 애정을 갈구하다가 스토킹 가해자로 전락하는 사례도 종종 접한다.

특히 집요한 스토킹 행위는 피해자에게 심각한 피해를 끼치다가 결국 살인이라는 비극까지 부르기도 한다. 스토킹 범죄의 심각성을 기획 취재한 KBS 뉴스 이슈팀의 보도에 따르면, 2018년 대법원 판결사례를 분석한 결과, 여성대상 살인이나 살인미수가 일어나기 전 스토킹이 있었거나 의심되는 사건은 159건 중에서 38건으로 무려 30%에 달하고 있었다고 한다.[3] 이 보도의 구체적인 내용을 보면, 그러한 스토킹 행위를 강력하게 금지시킬 수만 있었더라면 그런 살인의 비극을 막을 수 있었을 것이라는 생각에 이르게 한다.

뉴스 보도에서 접하는 다음의 내용들은 어제 오늘의 일이 아니다. 여학생의 이별선고를 받아들이지 못한 남학생이 계속 여학생 주변을 맴돌면서 여러 방법으로 괴롭히고 위협하다가, 결국 여학생을 살해했던 사건도 있었다. 또 다른 여성피해자는 교제 중에 남자가 각종 거짓말과 집착, 감시를 일삼아서 너무 고통스러운 나머지 이별을 통고했는데, 그 뒤부터, 그녀는 물론 가족까지 극심한 스토킹 피해를 당해왔다. 그러다가 결국 처참하게 살해당하고 말았다. 그리고 수년 전에 헤어진 남자가 결혼해서 아기까지 낳아 잘 살고 있는 옛 애인을 못 잊고 계속 스토킹을 하다가 결국 아이가 보는 앞에서 엄마를 참혹히 살해하는 사건도 벌어졌다.

참 무섭고 끔찍한 일이다. 이렇게 칼을 들지 않았음에도 이와 필적할 만한 무서운 스토킹 범죄행위가 있다. 그것은 수년간 또는 십년 이상을 집요하게 따라다니면서 은근한 괴롭힘이나 언어적인 위협을 계속 가하는 행위이다. 경찰에 신고를 해도 가벼운 범죄로 곧 풀려나고, 피해자가 아무리 숨어도 결국 찾아내어 다시 스토킹을 저지르는 가해자들에게 강력한 법적 조처를 취해야 한다. 그런데도 2020년 현재까지 스토킹 처벌 법안이 국회에서 계류된 채로 처리되지 않고 있다. 지난 1999년 국회에 처음 발의됐으나, 20년째 스토킹에 대한 처벌은 '경범죄'로 분류되는 실정이다. 경범죄로 분류될 행위는 분명히 아닌데도 말이다.

스토킹의 무시무시한 파괴력을 알리는 책《스토킹, 알고 나면 두렵지 않다》[4]를 쓴 린덴 그로스Linden Gross는 스토커들은 '소유' 아니면 '파괴'라는 극단적 감정 사이를 오가는 정체성 부재의 사람들이라고 했다. 이들은 평균 이상의 지능을 가진 편으로, 표적을 추적하기 위해 막대한 돈을 쓰고 책도 많이 읽는다고 한다. 그래서 법망을 피하는 쪽으로 교묘하게 행동 범위를 조절하고 상대방의 호소와 항거에 굴하지 않고 끈질기게 상대방을 괴롭힌다. 스토킹 행위자들의 이러한 특성을 고려할 때 스토킹을 하루빨리 중범죄로 규정하고, 엄중한 처벌을 할 수 있도록 법안이 통과되길 학수고대한다.

🌿 T에게

정말 두 사람 마음이 딱 맞아서 이 기회에 결혼하고 아기 낳고 살면 얼마나 좋았을까요? '딱 맞는다면' 말입니다.

어쩌면 그녀도 결혼과 아기를 원하는 그날이 올지도 모르지요. 하지만, 지금은 분명히 아니네요. 그리고 더욱 중요한 것은 당신은 그녀를 원하기도 하지만, 결혼과 아기를 더원하고 있다는 점이에요.

그녀도 당신을 사랑한 것은 맞지만 '마음의 타이밍'이 맞지 않네요. 결혼은 타이밍이란 변수가 정말 중요한 것 같아요.

그녀는 자기 인생에 아직 결혼과 아기를 들여보낼 수가 없어요.

정말 안타깝지만 당신은 이것을 그대로, 아무것도 보태지 않고 받아들여야 해요. 내 뜻대로 남을 휘두를 수는 없어요.

그녀의 마음을 현실로 잘 받아들이는 것이 당신을 성장하게 할 것입니다. 그러면 앞으로 다시 좋은 인연을 만날 수 있어요.

사랑이 열등감을
없애줄까?

_____ 그런가 싶었는데

R은 20대 후반의 여자 직장인이다. 그녀는 늘 자기보다
좀 잘난 친구들과 어울리는 편이었다. 중·고등학교 때도
공부를 잘하거나 집이 부자인 친구들을 사귀었고 성인이
되어서는 더 좋은 대학에 다니고, 더 멋진 남자를 사귀는 친
구들과 주로 가깝게 지냈다. 그들과 친구로 지내며 충족감
을 느끼는 동시에 열등감과 질투도 느꼈다. 속으로는 기가
눌렸지만, 그래도 처지지 않는 사람처럼 보이려고 했다. 대
학 졸업 후에 그녀는 작은 회사에 들어갔고, 어디에도 명함
을 내밀고 싶지 않았다. 친구들의 회사와 비교하면 너무 보
잘것없는 것 같았으니까.

R은 그런 열등감이 올라올 때면 괴로웠다. 거기서 빨리 벗어나고 싶었다. 그것은 곧 멋지고 유능한 남자를 만나자는 생각으로 이어졌다. 먼저 어떻게든 멋진 여자가 되기로 작정했다. 열심히 운동하고 식단 관리도 하면서 외모를 가꾸었다. 성형수술로 얼굴도 더 만족스럽게 만들었다. 그녀는 자타가 공인하는 건강하고 아름다운 여성이 되었고, 커리어 우먼의 이미지를 갖고자 정말 다니기 싫은 직장도 계속 다녔다. 이러한 노력 끝에 그녀는 SNS에서도 현실에서도 꽤 인기 있는 여자가 되었다. 그럼에도 늘 마음 한구석에는 자신의 부족함이 드러날까 봐 불안했다.

그러다가 드디어 R은 명문대학을 졸업하고 대기업에 다니는 남자를 만나게 되었다. 꿈만 같았다. 그 남자는 자부심이 대단했는데, 그녀에게 자신이 회사에서도 중요한 역할을 맡고 있고, 인맥도 넓다는 말로 자랑을 했다. R은 그의 유능함과 자부심에 매료되었다. 그 남자 역시 예쁜 그녀가 자신에게 푹 빠져 있는 것에 감동하여 둘은 결혼을 약속했다. 그녀는 자신의 열등감이 온데간데없이 사라지는 것이 신기했고, 유치하지만 속으로 사랑의 힘은 위대하다고 생각했다.

_____ 다시 살아난 열등감

어느 날에는 남자의 회사 커플 동반 모임에 갔는데 전혀 즐겁지 않았다. 이상하게 짜증이 났다. 모임을 마치고 나서야 그녀는 자신이 또 기죽고 뒤처지는 느낌에 시달렸음을 알았다.

게다가 결혼을 준비하면서 시어머니의 아들 자랑을 여러 번 들어야 했다. 자신이 이 남자를 자랑스러워했던 것보다 몇 배로 자랑스러워하는 시어머니를 보고 그냥 모든 것이 확 싫어졌다.

R은 시어머니 될 사람이 너무 싫었고 그 때문에 남자친구와 자주 다투게 되었는데, 그는 별일도 아닌 걸로 왜 자꾸 예민하게 구는지 이해를 못 했다. 그녀의 태도도 조금씩 달라졌다. 그녀는 그렇게도 눈을 반짝이며 듣던 그 남자의 자랑도 듣기가 싫어졌다. 심지어 짜증스러웠다. 남자 역시 그녀에게 까칠해졌다. 그 와중에 남자는 그녀에게 지금보다 더 나은 직장에 도전해보라고 권유했고, 다른 여자들이 얼마나 치열하게 사는지 말했다. 그녀는 비교당하는 것 같아 너무 화가 났다. 이렇게 자주 싸우게 될 줄 몰랐다. 처음처럼 좋은 마음이면 좋겠는데 점점 더 나빠지기만 했다.

그녀는 아들 자랑하는 시어머니가 왜 그렇게 미웠는지 스스로 의아했다. 그를 독점하고 있었다고 생각했는데 막강한 적수가 나타나서였을까? 그런 것도 있겠지만 자꾸 떠오르는 장면이 하나 있었다. 어릴 적에 엄마 아빠가 언니를 자랑하고 칭찬하던 모습. R의 언니는 늘 부모 기대 이상으로 잘했고, 부모는 언니를 자랑스러워했다. 그런 일련의 장면들과 감정들이 스치면서 시어머니에게는 분노가 그 남자에게는 질투와 거부감이 일어났다.

그렇다면 R이 평생 안고 살아온 열등감을 왜 이 남자에게는 그동안 느끼지 못했을까? 그녀는 그와 사랑에 빠지면서 '동일시identification'의 방어기제를 동원했기 때문이다. 동일시란 다른 사람 또는 어떤 집단과 동질성을 느끼거나 정신적 유대감을 이루어 자기만족을 찾는 방어기제다. 그녀는 자신의 불안과 부족감을 피하기 위해 다른 친구나 연인의 자랑스러운 점을 자기 것처럼 끌어들였다. 유능한 그를 만나면서 자기도 그처럼 괜찮은 사람이고, 당당하다고 느꼈다. 이것은 그녀가 자랑 많은 그에게 가끔 느꼈던 불쾌감까지도 덮어주었다.

하지만 결혼 준비를 하면서 R은 동일시의 방어기제를 더이상 사용할 수 없었다. 그의 엄마 앞에서 그녀는 최고의 신랑감을 만난 운 좋은 여자일 뿐이었으니까. 그러자 열등감은 부활했고, 분노와 질투까지 일었다. 그동안 그녀가 묻어두었던 열등감은 결혼이란 큰 과업과 함께 풀어야 할 과제로 다가왔다.

이제 R도 우열의 관념을 훌훌 털고 벗어났으면 좋겠다.

개인심리학의 창시자인 아들러는 인간의 열등감과 용기에 대한 이해와 방향을 제시했다. 그에 따르면 인간은 본래약한 존재이기 때문에 혼자서는 세상을 살아갈 수 없으며서로에게 필요한 부분을 도우면서 인생을 살아가게 되고,이 과정에서 열등감과 우월감을 느끼게 된다고 했다. 그의강조점은 열등감을 극복하고 우월감을 얻는 것은 타인보다상대적 우위를 차지하는 것이 아니라 자기의 가능성을 더많이 실현하고, 사회적 협력을 도모한다는 것이다.[5]

R도 이런 이치를 잘 받아들이길 바란다. 특히 사랑하고

사랑받는 것은 우열과는 전혀 별개라는 사실을.

R에게

잘난 언니에게 치이다 보니 더 잘해야만 가치 있고 사랑받을 수 있다는 믿음을 갖게 되었네요. 하지만 당신도 충분히 멋지고 값집니다. 그러니 이제는 자신에게 "열등해도 괜찮아"라는 말을 해주기로 해요.

우리는 모두 열등하기 마련입니다. 그래서 열등감으로 위축 되기도 하고요. 열등한 상태를 좀 더 나아지게 하려고 노력 도 하지요. 다들 그래요.

열등감에서 벗어나는 길은 자신의 어제보다 오늘을 더 나아 지게 하는 것입니다. 이렇게 하다 보면 당신은 우월과 열등 의 개념에서 어느새 벗어나 있을 것입니다.

"나는 지금보다 내일, 아주 조금씩 더 나아질 거니까"라고 되뇌면서 열등감을 동력 삼아 한발씩 앞으로 나아가봅시다.

찰떡궁합의
이면

_____ 억척스러운 여자와 조용한 남자의 심리 역동

어느 날 다급한 목소리로 G는 남자친구가 '급 우울'에 빠
졌다고 상담을 빨리 하고 싶다고 했다. 다음날 커플이 함께
왔는데, 남자의 얼굴에는 어두움과 우울함이 깔려 있었다.
며칠 전에 그녀는 그의 다이어리에서 다 포기하고 싶고, 그
냥 쉽게 죽을 수 있으면 죽겠다는 내용을 보게 되었다. 너무
놀란 그녀가 남자친구를 설득해 함께 상담을 받으러 온 것이
이다.

남자에게 왜 그렇게 힘든지 물어보니, 두 달 전 실직 이후
자신이 너무 한심하다고 생각했고, 어떻게 다시 직장을 구

해야 하는지 깜깜해서 그런 심정을 좀 써놓았단다. 그걸 보고 G가 많이 놀란 것 같다고 했다. 그때, G가 말을 끊고 자기 심정을 말했다.

"이 사람이 실직된 건 자기 능력에 비해 너무 저평가되었기 때문이에요. 다른 동기들은 막 윗사람들한테 아부하고 술 먹고 하면서 자기를 어필했고 이 사람은 그걸 너무 못하다 보니 재계약이 되지 못했죠. 이 사람이 소극적이니까 상사들도 이 사람을 끌어주기 어려웠던 것 같고요."

남자는 말없이 고개를 숙였다.

잠시 남자를 대기실에 있게 하고 그녀와 개별적으로 면담했다. 그녀의 평가적인 태도를 자신도 알고 있는지 물어보니 이미 잘 알고 있었다. 그녀는 애인이 장점과 능력이 있는데 너무 드러나지 않아서 어떻게든 바꿔주고 싶다고 했다. 그러다 보면 조언도 하게 되는데, 애인이 그것을 힘들어하는 것 같다고 했다. 그녀는 그러지 않겠다고 해놓고도 자기도 모르게 자꾸 그렇게 된다고 했다. 잘되게 하고 싶은 마음 때문이라고 힘주어 말했다.

자리를 바꿔 그녀가 잠시 대기실에 있고 남자를 만났다. 둘 간의 관계를 묻자 G에 대한 심정을 토로했다. 그도 만남 초기에는 그녀의 적극적인 관심과 관여가 고맙고 좋게 느껴졌는데, 조언을 듣다 보면 점점 자신이 못나 보이고 더 우울해지는 것 같다고 했다. 그는 자기 자신을 한심하게 여겼고, 다시 취업을 준비해야 함에 정말 암담해했다. G의 말대로 그는 내성적인 성격을 고쳐보려 했고 더 열심히 살려 했지만, 결과는 이 꼴이니 작아지는 느낌이 계속 밀려왔다고 했다. 그렇다 보니 이미 그녀에게 많이 의존하고 있는 형편이었다. 이렇게 두 사람은 의도하지 않았지만 서로를 힘들게 하고 있었다.

_____ 보상성의 원리

G는 자기가 주도할 수 있는 사람을 선택했고, 남자는 자기가 따를 사람을 선택했다. 이것을 다르게 표현하면 G는 의존하고 따르는 것이 어려웠고, 남자는 주도하고 이끄는 것이 어려웠다는 얘기다. 이러한 두 사람의 성향이 상호보완되면서 서로에게 충족감을 주었다. 사회심리학에서는 서

로 매력을 느끼고 친해지는 이유로 '보상성의 요인'을 말하는데, 그에 딱 맞는 경우였다. 그녀의 주도성과 남자의 순응성은 취업을 준비하면서 아주 잘 맞았다. 즉 그녀가 취업을 위한 모든 정보와 방법을 찾아서 공유하면 그는 아주 적극적으로 같이 그것을 해냈다. 서로 힘을 합치면서 시너지 효과도 얻어 두 사람 모두 취업에 성공했다.

그러나 두 사람은 상호보완적인 역할을 하고 있으면서도 동시에 불편과 불만을 갖기 시작했다. 가령 그녀는 솔선해서 어떤 일을 주도하고 그를 리드해놓고서도 "왜 당신은 이렇게 못하는지" 답답해하고 푸념하고 불만을 쏟아냈다. 남자는 G가 주도해주니 편했지만, 그녀의 강함에 눌리는 마음이었다. 이렇게 그들의 보상성은 충족감만 준 게 아니고, 상대에 대한 불만스러운 감정까지 일으켰다.

그들은 보상성으로 서로를 선택했지만, 살아온 방식을 보면 상대에게 불만이 생길 수밖에 없었다. G는 맏딸이었는데, 그녀의 부모는 맏딸에게 늘 주도적이고 독립적인 것을 기대했고 많은 인정도 해주었다. 그래서 그녀는 주도성과 독립성이 강해졌고, 그것을 당연시하게 되었다. 이와는 대조적으로 그의 집안 분위기는 조부모에서 부모로 내려온 여러 규칙과 기준을 잘 따르는 것이 중요했고, 거기에 적응하다 보니 순응성과 의존성이 더 굳어지게 되었다. 자기 나름의 노력을 해도 여자 친구의 눈에는 못마땅하니 그는 다시 좌절할 수밖에 없었다. 그 감정이 자신의 내부로 향하면서 자기를 비난하고, 죽고 싶은 생각까지 일어났던 것이다.

사람의 성향은 타고난 기질과 환경적 영향을 받아 점점 굳어진다. 병리가 크게 작용하지 않는 한, 그 성향을 바꿀 필요는 없다. 그리고 잘 바뀌지도 않는다. 각자가 지닌 기질과 개성이 있으니까 말이다. 그러나 두 사람 모두 자신의 주요 특성 뒤에 숨어 있는 그림자를 볼 필요가 있다. G는 자신의 독립성 뒤에 있는 그림자, 즉 그렇게 살지 않으면 도태될 것 같은 두려움을 봐야 할 것이다. G의 남자친구 역시 자신의 순응성 뒤에 있는 그림자를 만나야 할 것이다. 자신의 성향을 수용하면서, 동시에 자신의 그림자를 보고 거기에 너무 휩쓸리지 않으려고 한다면, 두 사람의 상호보완적인 성향은 서로에게 도움되는 쪽으로 작용할 것으로 본다.

그렇게 독립적이고 주도적으로 살아오면서 때론 많이 힘들었지요. 이제 자신이 밟고 있던 자기 그림자, 그 불안을 바라 보면서 위로해주세요. "그동안 참 억척스럽게 사느라고 힘들었지? 이제 내가 좀 덜 해도, 내 인생도 세상도 잘 굴러갈 수 있을 거야"라고 말해주세요.

그리고 그를 돕고 싶은 마음은 참 따스하고 좋습니다. 그런데 방법을 조금만 바꿔 보기로 해요. 그를 돕고 싶다면 어떻게 하라고 말하거나 돕는 행동을 하기 전에 도움이 필요한지 먼저 물어보세요. "자기야, 내가 도울 일이 있으면 말해줘"라고. 그러고 나서 남자친구 의견대로 따라준다면 당신과 그의 그림자를 모두 관리할 수 있어요.

그 사람은 당신이 곁에서 마음으로 응원하고 지지하는 것만으로도 충분할 수 있어요. 당신이 사랑하는 그 남자도 넘어져서 다치고, 아픔을 견디고 이겨낼 수 있는 힘이 있답니다.

나르시시즘과
자기중심성

_____ 받는 사랑만 알았다

N은 3년 정도 연애를 해왔고, 결혼을 약속한 여자가 있다. 그는 자신의 능력과 부에 대한 자부심이 매우 높고 사회적으로도 인정을 받는 사람이다. 그는 좋은 차와 좋은 식당, 그리고 럭셔리한 데이트 코스를 제공한다는 점에서 애인에게 늘 당당했고, 요구하는 것도 많았다. 두 사람의 데이트에서 독특한 점은 그가 전적으로 데이트 비용을 낸다는 것이었다.

그 대신 자신이 원하는 것을 중심으로 그녀가 데이트 코스를 잘 짜기를 원했고, 식당이며 공연이며 차편 예약도 미리미리 잘해달라고 했다. 게다가 비용 대비 만족스럽지 못하면 푸념까지 했다. 스킨십이나 성관계까지도 자기중심적 태도를 보였으니 그 이기적인 모습이 연애 면면에서 얼마나 심한지 알 만했다.

애인은 상대의 요구와 기대를 맞춰주느라 조금씩 지쳐갔다. 점점 그녀의 입에서 '지치고 힘들다'는 불만과 하소연이 자주 흘러나왔다. 이런 말을 듣는 N은 오만 인상을 찌푸리며 자신도 그녀를 위하여 얼마나 힘들게 돈을 모으고 있는지, 얼마나 힘든지 두 배로 한탄했다. 어느 날 그녀는 작정을 했는지 잠시 여행을 갔다 오겠다는 문자만 남기고 휴대전화를 꺼버렸다. 그는 분통이 터질 지경이었다. 꺼진 휴대전화에 계속 전화를 하면서 도저히 참을 수가 없고 화병이 날 지경이라며 상담실에 왔다.

그는 자신이 얼마나 화가 날 수밖에 없는지를 계속 말하며 나의 동의를 얻고 싶어 했다. 내가 '그녀도 힘든 것이 있지 않을까요?'라고 하자, 그녀가 힘들다는 것은 자신을 진정으로 사랑하지 않기 때문이라고 했다. 그의 말을 요약하자면, 자신이 열심히 돈 벌고 일하는 것이 그녀를 위하는 것인데 그녀는 자기만큼 헌신적이지 않으며 마지못해 좀 해주는 식이니 너무 억울하다는 것이었다. 그녀가 자기 힘들다고 이런 식으로 잠적을 해버리는 것은 용서할 수 없고 다시 받아줄 수 없다는 식이었다.

사실 그녀는 자기가 죽어가는 느낌이었고 너무 외로웠지만, 동시에 그의 경제력과 든든한 울타리가 매우 절실했다. 이러한 그녀의 심리적 역동은 N의 무리한 요구를 계속 받아들일 수밖에 없게 만들었다. 하지만 그녀는 정말 지쳐갔고 우울했으며 마음도 떠나가고 있었다. 이렇게 그녀의 마음이 떠나고 있는 것을 N은 정말 모르는 것일까? 갑의 입장이라도 된 듯이 용서를 운운하는 것은 현실 파악을 전혀 못하는 그 자체였다.

_____ 사랑에 대한 갈증, 어디에서 나올까?

사랑받고 싶은 마음이야 남녀 불문하고 일어나는 자연스러운 것이지만, '받는 사랑'이 삶의 목적이 되어버리면 마음은 늘 고달파진다. 상대가 내게 얼마나 더 잘해줄지, 얼마나 더 좋아해줄지 계속 살펴야 하니 항상 아쉬운 입장에 자기를 놓는 것이다. 사랑한다는 것은 말 그대로 사랑을 하는 것, 내가 주체가 되어 적극적으로 무언가를 하는 것이다. 그런데 주는 것보다 받는 것에서만 사랑을 느낀다면 아직은 유아기적 사랑에 머물러 있는 것이며 언제나 을의 입장이 된다.

이렇게 받는 사랑에 심취하며 그것을 너무 당연시하는 것은 자기애적 성격의 한 단면이기도 하다. 자기애, 즉 나르시시즘 narcissism 이란 용어는 연못에 비친 자신의 아름다운 얼굴을 너무 사랑하여 연못에 몸을 던져 죽었다는 그리스 신화 속 인물 나르키소스 Narcissos 에서 나왔다. 자기애적 성격 장애는 과도하게 자기를 귀중하게 여기고, 남에게도 그것을 요구하면서 사회적인 부적응을 초래하는 심리적 문제이다. 많은 이가 사랑하는 파트너나 배우자에게 자기애적 성향을 드러내면서 관계에 문제가 생긴다.

자기애적 경향성은 왜 형성될까? 결론부터 말하자면 유전이나 생물학적 요인이 아니고 학습과 경험의 요인이 작용한 것이다. 그 경험은 크게 두 가지로 나뉜다.

어린 시절부터 늘 당연한 듯 받기만 했던 경험이 그중 하나이다. 원하지 않아도 이미 자기 앞에 어떤 것이 주어지고, 또 주면 주는 대로 그냥 받아버릇하는 것이 굳은 경우다. 가장 결정적인 것은 교감 없이 수동적으로 받기만 했던 경험이다. 이것은 주는 사람의 마음을 잘 헤아리지 못한 채 그저 받는 것만 당연하게 여기게 된다. 그런데 학교에 들어가고 다양한 대인관계를 하면서 이것은 불가능해진다. 거기서 오는 좌절을 집에서 푸념과 원망으로 처리한다. 부모가 이조차도 또 받아주면 좌절을 견디는 힘이 없어지고, 자기 아닌 타인에게 주는 것을 모르고 받을 줄만 알게 된다.

다른 하나는 너무 받지 못했거나 또는 많이 받다가 갑자기 빼앗기는 경험을 한 것이다. 즉 애정에 너무 허기져 있거나 갑작스러운 박탈은 억울함과 분노를 무의식에 쌓아놓게 된다. 그러다가 애정 대상이 생기면 욕구가 확 올라와서 사랑을 자꾸 더 달라고 독촉하게 된다. 그들은 먹어도 배고픈 사람처럼 받아도 늘 허기져 한다. 때로 음식이나 술로 허전한 마음을 달래보지만 몸만 나빠지고 상대의 사랑으로 심리적 허기를 해결하려고 하니 상대는 달아난다.

N의 사랑 갈증은 어떤 경험에서 비롯된 것일까? 그가 어린 시절을 회상했다.

"늘 엄마와 동생이 붙어 있는 것을 보았죠. 아, 나는 '따로' 구나. 엄마 옆에 들러붙어 있는 동생이 밉고, 떼어내고 싶었죠, 소외감 같은 것도 있었어요. 자꾸 화나서 일부러 막 울고 아프다고 했던 것 같아요. 그러면 엄마가 조금 봐주다가, 저를 또 막 혼내는 거예요. 애는 누굴 닮아 이렇게 예민하고 까다로운지 몰라, 하면서."

"제가 울지 않으면, 그리고 뭔가를 달라고 하거나 말썽을 부리지 않으면 절대 엄마는 나를 보지 않았어요. 그래서 그 랬는지 많이 보채고 더 요구했던 것 같아요." 동생이 태어 나면서 엄마에게 심리적으로 내쫓기는 처지가 된 그의 경 험은 갑작스러운 박탈감을 일으켰다. 사랑에 대한 갈증과 분노가 강해져서 여자를 사귀면서부터는 받는 사랑에 계속 집중하게 되었다.

긴 상담 끝에 N은 사랑을 달라고 하면 할수록 그녀와 더 이상 사랑할 수 없음을 깨달았다.

어린 시절엔 떼를 부리면서 관심도 얻어내고 사랑도 받았
지요. 어린 당신의 모습을 떠올리면 애처롭습니다. 계속 보
채서 간신히 하나 받아냈으니, 받아도 받은 느낌이 적었을
것 같아요.

이제부터는 사랑의 갈증 때문에 힘들어했던 '어린 나'를 어
른이 된 내가 잘 보듬어 안아줍시다. 나 아닌 다른 누군가
에게 안아달라고 하면 갈증만 더 심해집니다. 내가 '어린
나'를 안아줄 때 애정 갈증이 조금씩 옅어집니다.

'받는 사랑'이 목적이 되지 않도록 노력해보자고요. 사랑
을 받아야만 한다고 작정하면 자기도 모르게 계속 요구하
게 되고, 상대는 지치고 달아나지요. 그러면 당신은 사랑
에 더 매달리게 되고요. 그러니 이제 모두 편해지고 행복할
수 있는 길은 '주는 사랑'입니다. 연습해봐요. 그러면 어느
새 그녀는 당신을 전보다 더 사랑하고 있을지도 모릅니다.

성욕 관리는
인품

_____ 일그러진 성행위와 무책임

영화 〈로마^{Roma}, 2018〉는 멕시코의 1970년대 중산층의
가정을 배경으로, 그 집의 부인과 가정부가 각각 겪는 삶과
아픔을 그리고 있다. 중년의 부인은 남편의 외도를, 20대의
아가씨인 가정부는 애인의 배반을 겪는데 그들의 심리가
아주 잘 묘사돼 있다.

여기서는 가정부 끌레오의 사랑에 초점을 맞춰본다. 끌
레오는 가정부로서 책임감이 최고인 것은 물론 따스하고
배려가 깊으며 아이들을 돌볼 때는 헌신적이기까지 하다.

어느 날 그녀는 순수하고 진실한 사랑을 꿈꾸며 우연히

만난 한 남자와 연애를 시작했고, 가끔 잠자리를 같이했다. 어느 날 모텔에 들어간 그 남자는 그녀의 얼굴을 정면에 두고 완전히 벌거벗은 자신의 몸을 과시하면서 무술 동작을 선보인다. 그녀는 침대 위에서 그저 바라볼 뿐이다. 아주 짧게 지나가는 장면이었지만, 그 남자의 '나체 무술 쇼'에서 감독은 무엇을 말하고 싶었을까?

나는 그 남자의 자기 과시가 너무 일방적이고 자기중심적이라고 느꼈다. 여인의 마음과 서로의 관계에는 무심한 듯 자신이 좋아하는 무술에 취해 뽐내는 모습에 거부감이 들었다. 영화 이야기지만, 현실에서도 마주할 수 있는 이야기다. 모양새는 그럴듯한 섹스를 한다 해도 심리적 관계 맺음 없이 대상을 통한 자기중심적 성행위만 있는 경우가 많다.

끌레오는 영화관에서 임신 사실을 그에게 속삭이며 알렸고, 그는 영화를 보는 중에 어떤 말도 없이 그 길로 나가서 사라진다. 그 남자의 무책임을 가장 적나라하게 드러내는 장면이다. 이후 끌레오는 점점 불러오는 배를 잡고, 아무 말도 없이 종적을 감춘 남자를 찾아 나선다. 그가 무술 연습장에 있음을 알고 찾아가 만난다. '너의 아기가 나의 배 속에

자라고 있다'는 말을 들은 남자는 그녀를 경멸하면서 '그 아기가 누구 아기인 줄 어떻게 아느냐'는 멍청하고 잔인한 말을 남긴다.

끌레오는 남자를 순수하게 사랑하여 성관계도 했지만, 그 남자의 성관계에는 사랑도, 책임도 없었다. 그저 쾌락만 있었다. 이것은 영화 속 이야기만이 아니다. 성폭행이나 성매매를 제외하고서라도 배려와 책임 없이 쾌락만 존재하는 무수한 섹스가 너무 난무한다.

_____ 일그러진 성행동의 원인은 무엇일까?

어떤 사람들은 성관계에 대한 책임 의식이 전혀 없거나 성관계로 인한 결과를 전혀 신경 쓰지 않는다. 당연히 부적절한 일탈의 성행동으로 이어진다. 그 원인은 크게 두 가지가 있다. 하나는 성욕과 성 충동에 관한 왜곡된 생각들이다. 성욕은 인간의 본능적인 욕구라서 참기 힘든 것이니 바로 해소하고 충족해야만 한다는 합리화이다. 이런 신념을 강하게 믿고 있으면 배려와 책임 없는 성적 행동이 잘못된 게 아니고 단순히 개방적인 성적 취향으로 생각해버린다.

두 번째 문제는 '관계'를 맺지 못하는 문제에서 비롯된다. 즉 애착 관계를 잘 맺지 못하고 만성적인 공허감이 있다면 그 심리적 허기를 계속 성적 쾌감으로 메우려고 한다. 대개 마음의 허기를 의식조차 못 하여 그냥 성욕을 충족하는 일에 매달린다. 이것은 애인이나 배우자에게 자주 원치 않는 성관계를 요구하거나 강요하는 데이트 폭력으로 이어질 수 있다.

그렇다면 자신의 성 충동 관리에 빨간불이 켜진 것이다. 성욕의 고저를 떠나서 성욕은 스스로 조절 가능하다. 성욕과 성 충동을 잘 관리한다는 것은 '만족 지연의 능력'을 필요로 한다. 이 능력은 성 충동 이외의 인간의 모든 충동, 공격 충동, 먹고 싶고 자고 싶은 충동 등을 관리하는 능력이다. '만족 지연 능력'은 어린 시절부터 학습으로 길러지는 능력으로써 건강한 사회화에 중요한 요소다.

어떤 남자들은 다른 영역보다 성적 영역에서는 만족 지연 능력을 덜 발휘하는 것 같다. 성희롱과 성추행, 성매매, 성폭력 등의 사건의 가해자들은 학식이나 명예가 있는 사람들도 많다. 그들은 높은 지위에 오르기까지 많은 영역에서 만족 지연 능력을 상당히 발휘했을 것이다. 하고 싶은 많은 것을 참아냈고 어떻게든 조절하려고 했을 것이다. 하지만 성적인 영역에서는 잘 조절하고 참아내지 못했던 것 같다.

이 현상은 수백 년 동안 내려오는 사회문화적 요인과도 관련된다. 어린 시절부터 교육돼야 하는 성 의식의 결핍 때문이다. 특히 요즘의 디지털 시대에는 3A[anyone, anytime, anyway]라는 말이 있듯이 누구와도, 언제라도 어디서라도 자기가 하고 싶은 것을 할 수 있는 시대가 되었다. 성에 관해서도 그렇게 돼가고 있으니 우려가 된다. 10대 때부터 온라인에서 불법적인 성 관련 콘텐츠에 쉽게 노출돼버리니 성 충동을 어떻게 잘 관리하는지보다 빨리 성욕을 해소하고 쾌감을 얻는 쪽으로만 길들기도 한다.

_____ 성욕의 관리도 인품

그러면 어떻게 좀 더 건강하게 그리고 덜 힘들게 성욕을 잘 조절할 수 있을까?

진정한 사랑은 성욕을 잘 관리할 수 있게 해준다. 성욕, 곧 성 충동의 목표는 성교, 성욕의 해소이지만 사랑의 목표는 애정을 나누고 정서적인 유대감을 얻는 것이다. 따라서 성 충동은 섹스를 통해서 일단 만족되면 일시적으로 없어지지만, 사랑은 섹스가 이루어졌다고 감소하지 않는다. 그래서 사랑 없는 섹스는 아무리 많이 해도 그저 배출이고 성욕의 해소일 뿐이다.

대개 자기가 아끼고 사랑하는 사람에겐 자기 욕구를 무조건 앞세우지도 않는다. 즉 만족을 지연시키려는 노력을 한다. 그래서 섹스 이외의 로맨틱한 사랑이나 친밀감을 나누는 사랑으로 성적 욕망을 대체할 수 있다. 서로 원할 때, 서로 책임지는 마음으로 성관계를 맺고 있다면 그것이 곧 사랑이다.

사랑 없는 섹스에 관한 한 남자의 고백

성욕이 많았던지, 성 충동이 강하게 일어나고 거기에 집착이 컸었다. 그래서 사랑 없는 성관계도 많이 가졌다. 한 번은 꽤 호감을 느낀 여성과 성관계를 하게 되었다. 다른 때보다 훨씬 더 기분이 좋았다. 점점 그녀가 좋아졌는데, 그녀는 성관계를 하면 기분이 안 좋아진다면서 키스나 포옹하는 것 외에 어떤 성적 행동도 거부했다. 동상이몽이라니, 속상했다. 나는 그녀를 점점 좋아하게 되었는데, 처음에는 그녀가 성관계를 계속 거절하니까 내가 성에 대한 집착이 더 생겨서 그런 줄 알았다.

그런데 그녀에게 인간적으로 관심이 생겼다. 그녀에게 매력을 느끼니 내가 급하게 행동하면 그녀가 이별을 선고할 것 같고, 불안했다. 그녀에게 더 맞추려고 했다. 나의 성욕은 그대로였지만, 그녀가 싫어하니 참았다. 나 자신이 성욕을 조절하고 참을 수 있다니, 어떤 때는 혼자서 대견해했다. 그녀에겐 성적으로 매너를 지키고 싶었다. 나는 그녀에게 사랑을 고백했고, 그녀도 나를 사랑한다고 했다. 그녀와 나는 아주 재미있게 연애를 했다. 사랑하니까 이제 성관계를 할 수 있겠지, 늘 기대했지만, 꿈이었다. 나는 그녀에게 가끔 '사리'가 나올 지경이라면서 푸념 섞인 농담도 했다. 그녀는 나의 눈을 너무나 따스하게 보며 '고마워'라고 하며 나의 팔에 더 안겼다.

사실 남자들끼리 얘기할 때, 성관계 없는 사랑이 힘들다는 말도 했었는데, 언제부터인지는 모르겠지만, 나는 이제 섹스가 그 순간에 없더라도 그녀와의 사랑은 가능하다는 것을 느꼈다. 그녀하고는 뭔가 충족되는 느낌이 있었는데, 그것이 사랑인가 싶었다. 사랑하는 사람이 있어서 그런지 이제 사랑 없는 섹스를 하게 되면 기분이 엄청 찝찝할 것 같았다.

내가 아끼는 그녀에겐 내 성욕을 마냥 앞세우고 싶지는 않다. 그동안 섹스가 곧 사랑이라고 말도 했지만, 그런 건 사실 성욕의 해소나 배출에 지나지 않는다. 이제는 막 갈망하는 충동이 일어나도 참아도 보고 그녀가 원하는 데이트를 즐겨 보려고 한다. 사랑하니까, 그녀도 나와의 섹스를 원하지만, 나만큼은 아님을 받아들인다. 앞으로 그녀와의 성적인 사랑을 더 기대하며 그녀의 마음에 더 들어가 보고 있다.

가짜 사랑에
눈이 멀다

_____ 어쩌다 유부남과 사랑을

유부남을 사랑하게 되었다. Y는 자신이 이런 사랑에 빠질 줄 몰랐다. 그녀는 30대 초반의 직장 여성으로, 2년 전에 사내 프로젝트를 다른 부서의 A 부장과 함께하면서 그와 친해지게 되었다고 한다. 그는 팀원들에게 매일 야근으로 많은 업무를 시켰는데, 그녀는 불평 없이 잘해냈고, 그때부터 부장이 그녀를 인정하고 잘 챙겨주었다. 그녀는 일하는 보람도 있었고 행복했다. 그러다가 부장이 그녀에게 점점 사적으로 다가왔다. 업무가 끝난 뒤 둘만 저녁 식사를 하자고 하거나 영화를 보자고 청했다. 그녀도 같이 있는 시간이 좋았고, 점점 A 부장에게 빠졌다. 그렇게 몇 개월이 지나면서 출장을 계기로 부장과 호텔에 드나들게 되었다.

물론 부장은 그녀에게 사랑을 고백하거나 장래에 대해 약
속하지 않았다. 그는 "우리 둘만의 시간에는 오로지 너만 있
어"라고 속삭였다. 그녀는 그것을 '사랑'으로 믿었다. 그녀
는 점점 그 관계에 빠져들었다. 그러나 부장은 그녀와의 관
계에서 늘 일정한 거리를 두고 싶어 했고, 점차로 만나는 시
간도 줄어들었다. 그럴수록 그녀는 불안해져서 부장에게
더욱 맞추고, 잘해보려고 했다. 어떻게든 부장의 마음을 자
기에게 붙들어두고 싶었지만 부장은 계속 사랑한다는 말만
속삭일 뿐, 현실은 단지 성관계 파트너였을 뿐이었다.

그녀는 구렁텅이에 빠졌다는 느낌을 받았다. 하지만 그
와 헤어질 수는 없었다. 부장에게 울면서 호소했다.

"진짜 사랑한다면 이제 나를 어떻게 해주세요. 언제까지
이렇게 숨어서 만나야 하는지, 정말 힘들어요. 당신도 더 이
상 사랑 없는 결혼생활 그만두고 다시 시작해요, 우리."

부장 역시 솔직하게 말했다.

"정말 사랑해. 근데 지금 이렇게 만나는 것이 최선이야.

네가 내 곁에 있어서 고맙고 행복해. 내가 이혼하면 엄청난 폭풍이 닥쳐올 거고, 그러면 이 사랑도 끝내야 해."

그는 이런 말밖에 못해서 미안하다며 그녀를 따스하게 안아주었다.

그때 Y는 바로 떠났어야 했다. 안아주는 그 달콤함을 박차고서. 그런데 그러지 못했다. 그녀는 귀에 필터링을 한 것 처럼 그가 하는 말을 있는 그대로 듣지 못했다. 그가 한 말은 "너는 항상 내 곁에 있어야 하지만, 꼭 숨어 있어야 해. 난 죽어도 이혼은 못 해"였는데, "사랑해, 고마워"로 들었다. 부장은 자기 입장을 솔직하게 전했기 때문에 죄책감조차 없었다. 오히려 그녀가 원했기에 자기는 사랑을 베푼 사람이라고 느끼며 그녀가 얼마나 괴로운지는 전혀 관심이 없었다.

집으로 돌아온 그녀의 마음은 천근만근 무겁고 복잡했다. 도대체 누구를 위한 사랑이었나? 되물으면서 짜증과 화와 불안이 뒤섞였다. 수면제를 먹고 잠을 자야만 했다. 이대로 숨어서 사랑을 계속할 것인가?

_____ 유부남에게 빠지는 이유들

유부남을 만나는 미혼 여성들을 특정하게 어떤 사람들이라고 말할 수는 없다. 아주 다양한 동기가 존재하고 각양각색의 이유가 있다. 유부남과의 사랑을 무시하거나 폄하할 마음은 조금도 없다. 진정한 사랑에 유부남, 유부녀가 따로 있지는 않을 테니 말이다. 그러나 유부남과 사랑에 빠진 그녀들이 유부남보다 더 고통을 받는다는 점에서 그녀들의 마음을 살펴보아야 한다.

유부남에 빠지게 되는 그녀들의 이유나 동기는 크게 4가지로 나누어 볼 수 있다.

첫째, 결혼할 마음은 없는 여성이 돈 잘 쓰는 유부남을 만나는 경우다. 그녀들은 사랑 때문에 아픈 일은 없다고 하지만, 그리고 자기가 유부남을 이용한다고 하지만 이미 그녀들은 자신을 쾌락의 대상으로 전락시킨 장본인으로, 자기를 죽이고 있다. 상대 유부남들은 그녀들을 자신의 권력과 돈으로 통제하는 성적 대상으로만 여긴다.

둘째, 돈과 여유와 스펙을 가진 남자와 사랑에 빠지고 싶은 마음이다. 유부남을 좋아하는 것이기보다는 유부남이 가진 것을 같이 누리고 싶은 마음이다. 유부남과 견줄 수 있는 스펙과 여유를 가진 미혼남이 다가온다면 대환영이지만, 실상 그만큼 다 갖춘 멋진 미혼남을 현실적으로 만나기는 어렵다. 그래서 든든한 직업과 화려한 차와 세련된 매너를 가진 유부남과 연애를 한다. 게다가 그 유부남이 좀 더 그럴듯한 말로 그녀를 꼬드기면 사랑이라고 곧잘 믿는다. 심지어 그 유부남이 자기 남자가 될 것 같은 꿈까지 꾸기도 한다. 유부남이 부인과 사랑 없이 사는 것이 얼마나 힘든지 이야기하면 그녀는 더욱 자신의 존재감을 찾기도 한다. 그러나 이혼 가능성은 대개 희박하다.

셋째, 진짜 사랑과 가짜 사랑을 잘 구분하지 못하는 경우다. 성적인 동기로 가득 찬 그들의 흑심을 잘 알아차리지 못하고, 따스하고 친절한 유부남에게 빠지는 경우다. 유부남은 슬쩍 찔러보기만 했는데 그녀가 그것을 너무 기분 좋게 받아들이면서 가까워지는 것이다. 대체로 사랑을 적절하게 잘 받아온 사람은 자기를 중히 여기는 느낌이 무엇인지 본능적으로 알아서 자기를 진짜로 위해주는 사람을 중심으로 관계를 맺는다. 그런데 사랑을 잘 받지 못했던 사람은 자기

를 위하는 사람과 이용하려는 사람을 구분하지 못하여 가
짜 사랑에 잘 속는다.

넷째, 비현실적인 아빠 같은 사랑에 대한 환상을 좇는 경
우이다. 이것은 세 번째 동기와 관련되는 것인데, 특히 든
든하고 항상 지켜주는 자상한 아버지상을 강렬하게 원하는
동기에서 나이 많은 유부남을 만나게 된다. 대개 그녀들은
아버지와 일찍 사별했거나 아버지에게 사랑받았던 경험이
부족하여 막연하게 든든한 아버지상을 추구한다. 즉 아빠
같은 사람이 자신을 지켜줄 것 같은 믿음을 가지며 그런 아
버지를 갖지 못한 것에 불행감을 느끼고 있고 자기 연민이
있다. '내게 든든한 아빠만 있었다면' 하는 소망으로 자꾸 더
나이 많은 남자에게 애착하려고 한다.

_____ 이제 진짜 사랑을 찾아 나서자

Y는 어떤 이유로 유부남에게 빠졌을까? Y는 위의 두 번
째 동기와 세 번째 동기가 같이 작용했다. 유부남과 함께 이
용했던 꽤 럭셔리한 여러 식당과 호텔에서 그녀는 공주나

귀족이 된 것 같은 기분이었다. 그리고 그녀의 아버지는 늘 성질만 부렸는데, 그 남자는 권위적이긴 해도 부드럽고 친절하게 그녀를 대했다. 그녀는 그의 부인이 되고 싶었고, 그래서 당당하고 편안하게 사랑을 나누고 싶었다.

이유나 원인이 무엇이든 고통을 받는 것은 그녀 Y이니, 스스로 자신을 돌보지 않으면 안 된다. 그 유부남은 사실 그 나이 또래의 남자들과 비교하면 아주 미숙하고 불안하고 이기적인 사람이다. 나이가 들었는데도 자신의 정서적 외로움이나 성적 욕구를 잘 관리하지 못해서 외도로 처리하는 못난 남자일 뿐이다. 사랑 없이 살다 보니 바람을 피운다고 합리화를 하는 남자도 비겁한 것이다.

 Y에게

유부남과 만났을 때 그것이 옳은지 그른지를 따지기보다 그 사랑의 피해가 누구에게 오는지 봐야 해요. 그 사랑의 끝에 상처받는 쪽은 아마도 당신일 거예요. 자기 자신을 아껴야 합니다.

유부남에게 환상을 갖게 되는 것은 대체로 자기 욕심에서
나 오는 것이니 관리해야 해요. 무엇보다도 아무리 사랑이
절절해도 당당하게 말할 수 없다면 그것은 결국엔 착취와
고통이라는 점을 말하고 싶습니다. 더 이상 나쁜 사람들의
욕구 충족의 대상으로 자기를 전락시키지 말자고요.
사랑이라고 믿는 욕심과 쾌락은 금방 끝나기 마련입니다.
이제 다시 진짜 사랑을 찾아 나설 때입니다.

떨어져 있으면,
늘 불안해

_____ 그녀가 너무 부담스러워요

B는 여자친구가 부담스러워 고민하고 있다. 6개월 전부터 만나서 서로 사랑하게 되었는데, 여자친구의 사랑이 점점 집착과 통제로 느껴지기 시작했다. 그녀는 카톡에 빨리 답하지 않으면 연신 재촉했고, 헤어질 때도 늘 아쉬워했고, 각자 집에 가서는 늦은 밤인데도 계속 통화하려고 했다. 옷을 사러 갈 때도, 헤어숍을 갈 때도 같이 가자고 했다. B도 처음에는 그녀와 같은 마음이었다. 하지만 너무 피곤해서 다음에 보자고 할 때나 오늘은 친구를 만난다고 할 때 그녀가 서운해하는 것을 자꾸 보며 사랑보다는 압박으로 느껴졌다.

특히 그녀는 직장에서 스트레스를 많이 받은 날엔 꼭 B와 만나서 이야기하고 싶어 했는데, 그도 지친 날에는 들어주기가 너무 힘들었다. 그래서 힘들다고 말하면 그녀는 바로 미안해하면서 자책했다. 그녀 스스로 자기가 이러면 안 된다는 말을 하니 그도 더 어떻게 말할 수가 없었다. B는 자기만의 생활과 공간을 지키고 싶었지만 그녀는 점점 더 하나가 되려고 하는 것 같았다.

B는 고민 끝에 좀 떨어져 있자고 말했다. 하지만 그녀는 무척 힘들어했다. 그래서 그는 출장이나 회식 같은 구실을 대며 좀 더 간격을 두고 만나려고 작정했다. 그러면 그녀도 자신만의 시간을 가질 것으로 기대했다. 그러다 한 번은 출장 간다며 주말에 못 만난다고 거짓말을 했는데 그녀를 길에서 우연히 만났다. 그녀가 심하게 따지고 화낼 줄 알았는데, 이제 날 싫어하는 것 아니냐며 울기만 했다. 그는 데이트로 너무 많은 시간을 보내니 혼자만의 시간이 좀 필요했고, 직장 생활에도 충실하려고 했다고 솔직하게 이야기했다.

B는 그녀가 자기 마음을 이해하길 간절히 바란다. 그녀는 B의 마음을 알아주었을까? 만약 B의 마음을 이해하지 못한

다면 그녀가 정말 불안해하는 일, B의 마음이 떠나는 일이 벌어질 것이다. 그녀에겐 위기의 순간이다. 그 위기를 잘 극복하는 것은 사실 그녀에게 달려 있다. 그녀가 계속 의존하려고 든다면 B는 더 이상 그녀를 사랑할 수 없을 것이다.

_____ 분리 불안의 실체

그녀는 B를 사랑하면서 '분리 불안'이 의식의 수면 위로 확 올라온 것 같다. 이전에는 애착할 대상을 찾지 못하다가 이제 믿고 의지할 대상을 만나면서 매달리게 된 것이다. 사랑이란 이름으로 누군가와 항상 하나 되려는 소망을 충족하려는 것은 결국, 분리 불안의 문제일 때가 많다. 그녀가 만약 자기 불안을 보지 못하고 계속 남자친구에게 집착하면 그녀가 가장 두려워하는 버림받는 비극이 올 수밖에 없다.

분리 불안이 일어날 때 사람마다 대처하는 방식은 다소 다르다. 가장 건설적 방식으로는 자신의 과도한 분리 불안을 알아차리고, 상대방에게 너무 매달리지 말자고 계속 다짐하면서 노력하는 것이다. 이것이 맘처럼 잘 안될 때는 좀 더 안 좋은 방식들로 그 불안을 처리하기도 한다. 가령 아예 어느 누구에게도 정을 주지 않으려 하거나 또는 여러 명을 같이 만나면서 어느 한 사람에게도 매이지 않으려고 한다. 또 어떤 사람은 파트너의 마음을 안달 나게 할 수 있는 촉을 발달시켜서 상대를 자기 안으로 더 깊게 끌어들이려고도 한다.

분리 불안은 어떤 특정한 사람만이 겪는 게 아니라 누구나 조금씩 겪을 수 있는 보편적 감정에 속한다. 인간은 누구든 '너와 내가 연결된 느낌'을 추구하고 그 느낌은 안정감을 주기 때문에 분리되는 상태에 예민할 수밖에 없다. 부모 양육의 질과 불안정 애착의 경험이 분리 불안을 일으키는 주요 원인이라는 점에는 동의한다. 하지만 더 근본적인 원인은 인간의 기본적 욕구이자 속성인 '나와 너의 연결감'에 있다. 그것을 어떻게 찾아 나가야 하는지 모르기 때문에 문제가 생긴다.

분리 불안이란 '버려진다, 거절된다, 분리된다'는 식의 매우 피동적인 의미를 갖는다. 즉 '나'가 아닌 '타자'의 뜻으로 그냥 무력하게 버려지는 느낌으로써 약자의 감정이다.

분리 불안이 심해지는 것은 자기 스스로 약자 입장에 자꾸 남아 있으려는 선택이기도 하다. '나는 의존해야 하고, 의존하지 않으면 힘없는 불쌍한 사람이고 그래서 혼자는 안 된다'라는 생각이 들수록 반드시 누군가에게 의존하게 된다. 그러나 과연 진짜로 그런가?

그 사람을 만나기 전에는 혼자서도 많은 것을 잘해왔을 것이다. 분명 누군가와 연결감이 없는 상태가 있었지만, 버티고 견뎌왔을 것이다. 그렇게 견딘 자신을 믿어야 하는데 애착 대상이 나타나면 '우린 이제 하나야. 사랑하니까'라는 생각을 하게 된다. 그 밑에는 '난 너에게 의지하고 싶어'라는 마음이 깔려 있다. 꽉 잡으려고 하면 할수록 상대방은 그 손을 뿌리치고 싶어 한다.

분리 불안은 공황장애를 일으키기도 하는데, 그것은 상실을 어떻게 해석하는가에 달려 있다. 상실을 내가 버림받은 것, 혼자 남겨진 것으로 파국적이면서도 피동적 의미로 해석해버리면 무서운 일이지만 떠날 사람을 내가 보내준 것이라고 능동적 의미로 해석하면 공포보다는 슬픔만 남을 것이다.

애착 대상이 부재할 경우 공허하기도 하고 두려울 수 있다. 그런데 사랑을 해도 외로울 때가 많고 같이 살아도 혼자일 때가 많다. 그렇게 인생에는 '혼자'와 '같이'가 공존한다. 분리되는 것을 무서워할 것이 아니라 이제 능동적으로 나를 혼자 두고 그 사람 없이 혼자 사는 법을 연습해볼 때다. 그러다 보면 동등하고 편안하게 연결되는 진짜 사랑이 온다. 연결감은 끊어졌다가 다시 연결됨을 경험할 때 더욱 강해진다. 설령 그 사람과 영영 끊어지더라도 걱정할 것 없다. 또 누군가와 새롭게 연결될 테니까. 중요한 것은 '나'다.

✿ B의 여자친구에게

B가 없으면 공허하고, 두려울 수 있어요.

그런데 사랑을 해도 외로울 때가 많고, 같이 살아도 혼자일 때가 많아요. 그렇게 인생에는 '혼자'와 '같이'가 공존하지요. 아마 사람은 누구나 그럴 거예요.

기왕 그렇다면, 분리를 무서워만 할 것이 아니라 이제 능동적으로 나를 혼자 있게 해봐요. 그 사람이 없는 나만의 시간을 어떻게 꾸려갈지 궁리하고 실행해보는거죠. 재미있게든 의미있게든. 그러다 보면 진짜 사랑이 와요. 동등하고 편안하게 연결되는. 연결감은 잠시 끊어졌다가 다시 연결될 때 더욱 강해지거든요. 그럼 B와 더 깊게 사랑할 수도 있지요.

설령 그 사람과 영영 끊어지더라도 걱정할 건 없어요. 당신이 다시 누군가를 만날 준비를 하고 있으면 또 누군가와 연결될 테니까요.

PART 2

부부갈등,
소통과 자기 성찰이
열쇠다

결혼 5년 차의 아내는
생기발랄했던 자기 모습은 다 어디 가고,
남편에게 요구하고 원망하는 악다구니만 남았다고 한다.
또 갓 결혼한 어떤 신랑은
자기만 좋아하던 그녀는 어디 가고
밖으로만 도는 아내를 보면서 화를 못 참겠다고 한다.
잘 지내고 싶은 마음은 굴뚝같지만
달라진 배우자를 보면서 오늘도 그렇게 다투고 있다.

이렇게 되는 데에는 저마다 사랑을 하는 방식에
자신의 오래된 문제가 끼어 있어서 그렇기도 하다.
잘 살아보고 싶은 마음속 선의와는 달리
상대를 괴롭히거나 때론 상처를 주기도 한다.
때론 화를 내는 이유가 실제로 정당하다 해도,
별로 이득 될 건 없다.

부부로 살아보니, 상담자로서 부부를 만나보니,
행복한 결혼은 좋은 배우자를 만나는 것보다도
서로 얼마나 좋은 사람이 되려고 노력하는지가 더 중요했다.
서로 실망을 주었더라도 회복하려고
함께 얼마나 노력하는지가 더 중요했다.

이미 자기 곁에 있는 남편 그리고 아내.'
헤어지지 않을 것이라면 행복하게 살 궁리를 해보자.
우선 두 사람이 머리를 맞대고 "무엇이 문제일까?" 생각해보자.

결혼에 대한
동상이몽

_____ 내가 이러려고 결혼했나

결혼을 후회하는 사람이 정말 많다. 사람은 간사한 구석
이 있어서 결혼에 따른 이해득실을 따지기 마련이다. 결혼
하면 더 재미있게 살고 더 행복하게 살자는 말을 굳게 믿고
시작했지만, 몇 달 만에 속았다는 푸념이 나오기도 한다. 약
속한 상대의 말도 거짓인 것 같고, 기대한 바와 너무 달라
크게 실망한다.

J가 그런 마음이다. 그녀는 결혼 1년 차인데, 후회와 낭
패감으로 가득 차 있다. 그 이유를 따라가 보니 둘만의 시
간은 거의 사라지고, 자기 역할만 많아졌단다. 결혼 전에는

그가 아무리 바빠도 잠깐이라도 보자며 집 앞으로 오기도 했고, 하루라도 못 보는 날에는 메신저에 불이 났다. 그는 그녀에게 결혼하면 더 재미있게 살자고 했다. 그런데 결혼하고 나니 일을 더 열심히 해야 한다며 메신저 대화도 못한다고 하고 퇴근도 늦다. 명절 때 오붓하게 여행이라도 가자고 하면 펄쩍 뛰면서 시댁에 가야 한다고. 시댁에 가서는 J는 주방에서 일만 하고, 남편은 거실 소파에 누워 있는 흔한 장면.

남편은 J의 내조를 당연하게 기대하고 있었다. 결혼하면 더 안정감을 느낄 것이고 그러면 자기 일에 더 매진하겠다고 작정을 했다. 남편은 아버지 회사에서 대리로 근무하고 있는데, 일을 잘 익혀서 더 빨리 승진하길 바랐다. 남편은 앞으로 그 회사에 중심인물이 되려면 일을 더 해야 한다고 생각했다. 그래서 그는 아내 J에게 "내 몸이 늘 밖에 있어도 당신 많이 사랑하는 거 알지?" 하면서 이해를 구하곤 했다. 남편은 자수성가한 시아버지를 닮아 대단히 성취 지향적이었고, 아버지 사업을 더 키우려는 야망도 컸다. 당연히 그의 우선순위는 회사가 돼버렸다. 그는 자신의 이런 야망과 계획을 아내가 인정하고, 도와주리라 기대했다.

J는 내가 이러려고 이렇게 빨리 결혼했나, 차라리 결혼 안 하고 연애만 하는 게 낫지 않았을까, 라는 후회에 깊이 빠져 있었다. 엎친 데 덮친 격으로 시어머니가 지병이 생겨 입원하셨고, J는 간병인과 함께 병수발을 들어야 했다. 그녀는 꿈꿔온 달콤한 신혼 생활과 거리가 멀어지자, 한탄스러울 때마다 남편에게 비수를 꽂는 말을 해서 갈등을 더 일으켰다.

"아버지나 아들이나 일 중독자 같으니!"라고 쏘아붙이며 다른 남편들과 비교하며 비난했다. 친정에 가서도 남편이 변했다고 험담을 하거나 시댁 식구 흉을 보았다. 딸의 그런 푸념만 들었던 J의 아버지는 하도 속상해서 사위에게 집안도 챙기면서 일하라는 투로 말했다. 사위는 불쾌했다. 그는 아내에게 도대체 어떻게 말을 했고, 장인어른이 왜 그런 말을 하는지 따지고 화를 냈다. 내조를 잘해주기를 기대했는데, 정반대의 아내를 보니 남편 역시 '내가 이러려고 결혼했나?' 하는 심정이었다.

J는 이런 대접을 받으면서 살다니 분하고 견딜 수가 없었다. 남편도 늦게 오니 술도 먹고 클럽도 가면서 자기 스트레스를 풀었고, 남편은 그럴수록 아내를 챙기고 싶지 않았다. 결국 애정을 키워야 할 신혼기에 분노를 서로 키우고 있었으니 두 사람 모두 고통이었다. 그런데 이 상황은 두 사람이 서로 한 발자국만 물러서서 결혼을 어떻게 생각하는지 시야를 넓혀보면 의외로 쉽게 풀어질 문제다.

J는 '우린 서로 사랑하니까' 결혼생활은 잘 굴러가리라 믿었다. 그런데 그녀의 본심을 풀어서 다시 말하자면 '그이가 나를 사랑하니까 잘될 거야'였다. '결혼했으니까 나도 무엇이든 해야지'라는 마음은 빠져 있었다. 남편은 결혼하면 데이트로 시간 낭비할 것도 없고, 관계도 안정적이니 일에 더 집중할 수 있을 것이고, 아내는 그런 자신을 잘 이해하고 도와줄 것으로 기대했다. 결혼 동상이몽.

그런데 결혼은 현실이다. 사랑만으로는 부족하다. J의 꿈처럼 '사랑하니까 잘 될 거야'가 실현되려면 누구든 반드시 마주해야 하는 역할과 책임을 받아들이고, 그것을 조금씩 해나가야 한다. 그녀는 이에 대한 마음의 준비가 없었다. 남편 또한 결혼이 안정적으로 되려면 일뿐만 아니라 아내와의 시간을 즐기고, 즐거움이나 일상생활 등 여러 가지를 공유해야 한다. 준비가 안 된 것은 그도 마찬가지였다.

_____ 결혼은 일과 사랑의 균형

각자 꿈꾸던 결혼생활이 잘 안되어서 푸념하는 것은 당연하고 자연스럽다. 그런데 푸념을 넘어서 자기 역할을 외면하고, 서로 비난하는 것은 악순환일 뿐이다. 둘은 자기도 모르게 결혼에 따라 생긴 역할과 일을 피하고 싶었던 것이다.

행복한 결혼생활을 위해서는 일과 사랑이 적절하게 균형 잡혀 있어야 한다. 생애 주기에 따라서 일과 사랑의 불균형이 오게 되는데, 이때 균형을 찾으려고 서로 노력할 필요가 있다. 아내는 사랑만 하려고 결혼한 게 아님을, 남편은 일만 하려고 결혼한 게 아님을 잘 알 것이다. 상대의 입장에 서보고 그것을 잠깐이라도 수용하면 서로를 이해하기 한결 쉽다.

부부관계를 활발히 연구한 심리학자 휴스턴 연구팀에서는 신혼 2년 동안의 애정 수준은 13년 후의 결혼생활을 예측하는 중요한 변수임을 밝혔다. 즉, 신혼 때 소통과 공유하는 시간이 적고, 비난과 원망이 많을 때 애정은 감소하며, 이것은 이후의 부부관계의 질과 관련된다는 것이다.[6] 따라서 두 사람 모두 신혼의 애정을 잘 키우길 권고한다. 애정을 깎아 먹는 자신의 태도와 행동을 돌아보고, 어떤 것을 더 하면 좋을지 선택하길 바란다.

부전자전의
굴레

_____ 지적질의 대물림

Y는 남편과 대화하기가 싫었다. 대화의 반이 지적과 훈
계니까. 아이들에게도 마찬가지인데, 이제 막 사춘기가 시
작된 아들은 완전히 아빠 피해 삼만 리고, 딸도 마찬가지.
아이들에게 아빠는 비호감이 된 지 오래다. 게다가 남편은
자신에게도 늘 비판적이고 자책했다.

Y는 그런 남편이 미워 죽겠다. 말하는 것도 듣기 싫었고,
밥 먹는 소리조차 싫었다. 남편이 애들에게 또 훈계하려고
하면 아이들 보고 "너희 그냥 빨리 방에 들어가"라고 해놓
고, 그녀도 베란다에 나가서 꽃에 물을 주는 식이었다. 그러

면 남편은 "애들 교육을 시키는데, 저렇게 엄마라는 사람이 아빠를 무시하니 집안 꼴 잘 되겠다!"라며 혀를 찼다. 하지만, 잔소리와 가르침은 계속됐다.

남편의 지적질과 훈계는 사실 자신에게 더 심하게 하고 있었다. 종종 한숨을 푹푹 쉬면서 그녀에게 한탄을 늘어놓았다.

"내가 참 못난 것 같아. 이 부장은 참 스스럼없이 남들과 잘 어울리고 뭔가 확 끄는 힘이 있지. 그래서 밑에 애들도 잘 따르고. 난 그게 잘 안 돼. 정치적이지도 못하고, 인맥도 별로 없어. 이래저래 밀리고 있어."

"당신은 내성적이지만 책임감 있고, 일을 잘하잖아. 좋은 면도 많아."

"당신은 나를 몰라."

이런 남편을 보면 측은하다가도 잔소리를 늘어놓을 때면 소름 끼치게 싫었다. Y는 남편에게서 시아버지의 모습을 자주 보았다. 한 번은 시아버지가 손자에게 이렇게 말했다. "얘는 아빠를 안 닮았나. 좀 더 자기 것을 똑 부러지게 챙겨야 하는데, 저렇게 마음씨만 착하니 걱정이네. 손주야, 옛날에 네 아빠는 아주 씩씩했단다. 축구 할 때도 한 골이라도 더 넣으려고 마구 뛰어다니고, 공부도 잘하고, 반장 선거할 때 웅변도 잘해서 딱 반장 되고 그랬단다. 그런 게 거저 되는 게 아니고 요즘엔 엄마 영향이 큰 게야."

손자 보고 하는 이야기 같지만, 실은 자기에게 하는 말임을 Y는 알고 있었다.

"아버님 우리 아들이 어디가 어때서요?"라고 하고 싶었지만, 지난번에 그렇게 한번 했다가 시아버지의 설교를 엄청 들어야 했다. 남편은 그런 상황을 절대로 만들지 말라고 또 설교를 했다. 설교+설교.

Y는 남편이나 시아버지가 아들에게 그렇게 하는 것이 너무 화가 났다.

_____ 왜 무섭고 싫었던 아버지를 닮게 될까?

이렇게 잔소리와 간섭이 심한 시아버지나 남편이 자녀에게 하는 행동은 대물림처럼 비슷하다. 상담을 하다 보면 부모에게 맞는 게 너무 싫었는데, 자신도 자식에게 똑같이 매를 드는 사람이 많다. 그런 자신이 무섭다고 한다. 싫어서 닮지 않으려고 했는데, 닮아버리는 것은 무슨 현상일까?

'보고 배우는' 경험이기도 하지만, 좀 더 깊은 설명이 필요하다. '왜 나쁜 것을 학습할까?'에 대한 설명으로 '공격자와의 동일시'라는 심리적 현상을 들 수 있다. 이것은 처벌과 폭력에 대한 공포와 불안을 이기려고 공격자와 닮고 같아지려고 하는 마음이다. 맞는 사람이 아닌 때리는 입장이 되어서 적개심을 처리하는 방식이다.

상대방에 대한 적개심을 처리하지 못할 때, 의식적이든 무의식적이든 공격자의 생각과 감정을 자기 것으로 받아들이고, 그것을 자기와 유사한 입장에 있는 사람에게 공격하는 형식이다. 이러한 심리적 현상은 엄격하고 강박적인 훈육을 받고 자란 사람에게 많이 보인다.

남편의 어릴 적 심정은 어땠을까? 남편은 아버지를 '칼 같은 분'으로 묘사했다. 그는 아버지 때문에 잘되기도 했고, 동시에 힘들기도 했다고 한다.

"아버지는 잘하면 큰 인정, 못하면 큰 처벌을 줬어. 아버지가 원하는 반장을 하거나 성적을 잘 받았을 때는 칭찬도 많이 했지만, 너무 압박감이 컸어. 그렇게 못했을 땐 아주 매섭게 무릎을 꿇린 채로 훈계를 했거든. 내가 내성적이고 조용한 것을 아버지는 사내자식이 약하다고 하니 나는 늘 더 강해져야 했고, 뭐든 철저하게 해야 했어. 이런 게 성격이 돼서 학창 시절에는 공부도 잘했어. 근데 마음속엔 항상 내가 부족해 보여서 쫓기는 기분이었어."

무섭고 싫었던 부모를 닮아가게 된 이유와 동기를 자각하면서, 자기를 좀 더 깊이 알게 된다. 그는 어린아이였던 자기가 아버지와 함께 살려면 아버지의 요구와 기대에 맞춰야 했음을 알아차렸다. 그러면서 자기 생각이나 욕구를 죽이고 아버지를 동일시하면서 적응해왔음을 깨달았고, 이제 더는 자기를 죽이고 싶지 않았다. 어린 시절의 상처와 아픔을 성인이 된 자기가 알아차리고 이해해주면서 그는 아버지에게 분노를 강하게 느꼈고, 자신의 감정을 잘 수용했다. 이것은 바로 자기 아들 딸이 얼마나 답답하고 화가 났을지 헤아리게 도왔다.

_____ Y도 깨달아야 할 것이 있다

아내 Y도 자신을 되돌아볼 대목이 있다. 잘 참아지지 않는 그 분노는 과연 어디서 나올까? 남편의 잔소리의 '잔'자만 들어도 정이 떨어질 만큼 왜 그렇게 화가 날까?

아내 Y의 말을 정리해보면, 무엇보다도 애들이 너무 불쌍하고, 애들 자존감이 낮아질 것을 생각하면 화가 난다고 한다. 그리고 시아버지의 독선적이고 꼰대 같은 성격이 남편에게 전수되었듯이 아이들에게도 대물림될 것 같은 불안이 일어난다고 한다. 그러나 사실 남편은 시아버지와 아주 많이 다른 면이 많았다.

시아버지가 시어머니에게 권위적이고 일방적인 것과 달리 남편은 그녀의 말에 귀를 기울였다. 그뿐만 아니라 애들에게 지적과 훈계는 하지만, 폭력적이지도 않았고 아이들의 말을 들어주기도 한다. 이렇게 다른데도 그녀는 남편이 시아버지와 너무 똑같다고 비난일색이었다. 그녀의 눈에 뭔가 가려진 것처럼, 그녀는 남편을 있는 그대로 보지 못하고 있었다. 왜일까. 그녀가 미처 의식하고 있지 못했던 친정엄마에 대한 분노와 불안이 숨어 있었다.

Y의 엄마는 아들은 강하게 키워야 한다면서 남동생이 조금 잘못할 때마다 매섭게 혼냈다. 그녀는 딸이라서 용케 그 비난을 피했지만 늘 당하는 동생을 보면서 죄책감이 들었다. 동생과 한편이 되지 못하고 숨어 있었던 것, 그리고 엄마의 화풀이에 지나지 않는 부당한 행동에 속으로만 분노했다는 것이 미안했다. Y는 시아버지와 남편을 보면서 그런 감정들에 영향을 받고 있었다.

그렇다 보니 남편에게서 아이들을 보호해야 한다는 생각이 강하게 올라왔다. 사실 아이들은 아빠를 그렇게 무서워한 것도 아니고, 아빠의 긴 훈계를 눈치 채고 잘 피하기도 했다. 게다가 반항과 거부로 그들이 하고 싶은 것을 어느 정도 다 하고 있었는데, Y에게는 아이들이 무조건 당하는 약자 같았다.

남편이 아들에게 필요한 말을 할 때면 잔소리라고만 여기지 말고 Y도 일관된 목소리를 내야 하는데, Y가 남편을 공격자로만 대하니까 아이들도 남편에게 공격적인 태도로 대응했을 수 있다.

Y도 자신의 불안과 분노의 뿌리를 알아차려야 부부 관계가 안정된다. 남편과 다툴 게 아니라 친정엄마와 동생과의 기억을 먼저 더듬어가고, 풀어내야 한다. 그러면 더 이상 남편에게 그렇게 화낼 일이 아니라는 것도 받아들일 수 있다. 물론 자기감정의 습관을 고치기는 어렵겠지만, 그래도 많이 누그러질 수 있다. 즉, 남편의 잔소리나 훈계에 좀 더 지혜롭게 대처할 수 있다. 진정 남편을 도와주고 싶다면 남편의 본심에 다가가려고 하고, 그것을 알아주면 충분하다.

사소하지만 끝나지 않는
부부 싸움의 뿌리

H는 결혼한 후 버럭 하는 성질이 생겼다. 당연하게도(?) 남편 때문에. 남편은 감정 표현이 적은 데다가 말도 느려서 대화를 할 때마다 답답하다. 연애할 때는 남편이 과묵해서 매력을 느꼈는데, 그것 때문에 이렇게 실망할 줄 누가 알았을까. 그렇게 답답할 때마다 H는 남편에게 말 좀 하라고 재촉하거나 짜증을 냈다. 남편은 기분부터 나빠졌다. 결국 서로 화를 내고, 남편이 자리를 뜨는 것으로 끝났다.

H는 자꾸 더 거칠어져만 갔다. 그녀는 말없이 밥만 먹고 있는 남편만 봐도 열불이 터졌다. 남편도 말만 안 할 뿐 차가

운 분노가 대단했다. 가끔 남편이 술이라도 먹고 오면 감정적으로 격해지면서 H에게 원망을 퍼붓거나 말로 공격했다.

"나는 너보다 백배는 힘들어. 너 같은 여자랑 사는 게 얼마나 힘든지 알아?"

술주정이라고 하기엔 너무 또렷하게 그녀에게 항의하고 있었다. 두 사람의 성향을 보니, 남편은 기분 나쁠 때 외면하고 잊어버리려는 회피형이며, H는 감정 기복이 크고 좋든 싫든 그것을 표현하는 감정 발산형이다.

이런 차이로 자주 싸우다 보니 각자 상대방이 무엇을 원하고 싫어하는지 이미 알고 있다. 그러나 상대가 싫어하는 것을 여전히 하고, 원하는 것을 해주지 않는다. 왜냐하면 두 사람 모두 자기 성향에서 상대를 보면 너무나 이상하니까 바뀌어야 한다고 생각하기 때문이다. 다른 많은 부부도 성격 차이라고 말하면서 이런 식으로 싸우는데, 별일 아닌 게 쌓여 결국 원수가 된다.

그런데 H와 남편의 성향은 그렇게 병리적인 수준까지는 아니다. 물론 각자의 성향이 관계에 조금씩 나쁜 영향을 끼치긴 했지만, 그러려니 넘어갈 수도 있었다. 하지만, 두 사람 모두 상대방이 지닌 그 성향에 대하여 그냥 넘어가지 않았 다. '그러려니'가 안되고 서로 부딪혔다. 부부끼리는 왜 더 많이 기대하고, 더 강렬하게 실망하는 것일까?

_____ 부부 사이 '전이' 현상

일상에서 겪는 사소한 행동들이 부딪혀서 큰 부부 싸움이 되는 경우가 많다. 그런데 매번 똑같은 문제로 부딪히면서 각자가 똑같은 말을 반복하는 내용을 들어보면 서로에게 '전이 감정'을 느끼고, '전이 반응'을 할 때인 경우가 많다.

전이^{transference}란 프로이트의 정신분석에서 최초로 사용한 용어로, 어린 시절 부모와의 관계에서 느꼈던 어떤 욕구나 갈등을 무의식적으로 품고 있다가 부모가 아닌 다른 사람에게 투영하는 것을 말한다. 가령, 부모에게 비난을 많이 당한 경우, 배우자가 조금만 뭐라고 해도 자신을 무시하고 처벌한다고 느끼는 것이다. 또는 든든한 부모를 간절히 바랐던 경우 배우자가 조금만 흔들리거나 약해지면 불안해한다.

전이 반응은 긍정적인 방향으로도 일어난다. 늘 웃기고 편안한 아버지와 지냈던 사람은 파트너가 하는 별스럽지 않은 작은 농담에도 까르르 웃고 재미있어하며 좋은 기분을 느낀다. 아버지와 비슷한 모습을 보면서 긍정적 감정이 일어나는 것이다. 서로 긍정적 전이가 일어난 상태에서 사랑하면 참으로 편하다. 조금만 노력해도 서로 좋으니까 말이다.

그렇다고 긍정적 전이가 항상 좋을 수만은 없는데, 상대를 있는 그대로 보고 상호작용한 것이 아니기 때문이다. 서로 그렇게 심하게 잘못한 게 없는데도 늘 격렬한 싸움이 된다면 그것은 두 사람의 '부정적 전이 감정'이 충돌했기 때문이다.

두 사람은 각자의 부정적 전이 감정을 다뤄보기 위하여 어린 시절에 부모와 있었던 일을 떠올리고, 그것을 서로 나누기 시작했다.

H의 아버지는 일 때문에 늘 바깥으로만 돌고, 집에서는 무뚝뚝했다. 엄마는 원래 아빠 성격이 내성적이라서 그렇다고 이해시키려고 했지만, 어린 그녀는 아빠가 가족을 싫

어한다고 믿었다. 아빠와 친한 친구들을 부러워했지만, 자기에게는 불가능한 일이었다. 결혼 후 그녀는 남편이 피곤해서 말을 하지 않거나 혼자 쉬면 불안하고 화가 났다. 뭔가 분리되는 느낌이 들었기 때문이다.

그녀가 어린시절에 아버지에게 느꼈던 거절된 감정을 남편의 사소한 행동, 곧 쉬고 싶어서 혼자 방에 있는 그런 행동에서 느껴버린 것이다. 이러한 부정적 전이 감정이 일어날 때마다 부당하게 남편을 원망하고, 퉁명스럽게 화를 낸 것이다. 더 심각한 문제는 자기감정이 아주 정당하다고 믿는 것.

한편, 남편도 H를 너그럽게 받아줄 여유가 없다. 여유가 있다면 풀어갈 수도 있지만, 곧장 화부터 난다.

남편도 자신을 못 미더워하고, 못마땅해했던 엄마에 대한 억울한 감정까지 모두 다 합쳐서 아내에게 분노 감정을 느끼기 때문이다. 엄마의 모습을 H에게서 봤으니 억울함이 더욱 정당해진다. 그의 마음속에서는 '또 내가 맘에 안 드냐? 도대체 왜 나한테 자꾸 뭐라고 하는 거야!'라는 항의가 일어 난다. 엄마에게 수동적으로 대응했듯 H에게도 입을 굳게 다물었다.

전이 감정을 해결하기는 결코 쉬운 일이 아니다. 무엇보다 자신의 주관적 느낌이 전이 감정이라는 것을 알아야 한다. 그리고 변화하려는 의지가 있어야 하고, 배우자에 대한 애정이 어느 정도 있어야 한다.

남편은 어린 시절을 이야기하면서 옛날에 경험한 아픔과 현재 마음이 관련되고 있음을 알아가기 시작했다. 아내가 조금만 재촉해도 무슨 큰불이라도 난 듯 자리를 피하고 싶어 하는 마음을 자각했다.

H는 자신이 옛날부터 아빠에게 갖고 있던 불안과 분노로 남편 행동을 바꾸려고 했던 것 같다고 자각했다.

부부는 이제 어떻게 행동해볼지 궁리하고 그것을 얘기하기 시작했다.

"내가 좀 못마땅하고 화가 나면 그때 내가 하는 것처럼 자리를 피해 보면 어때? 그러면 내가, 당신이 지금 뭔가 불만과 답답함이 생겼구나, 하고 생각할 수 있을 것 같아."

남편이 제안했다. H는 쉽지 않을 것 같았지만, 해보겠다고 했다. H도 남편에게 부탁했다.

"그럼 내가 잠시 자리를 피하면 당신이 그다음에 나에게 다가오고, 아까 이런 마음이었다고 말해주면 어때?"

남편도 이를 받아들였다. 두 사람의 방법은 아주 좋았다. 각자가 이전과 다른 언행을 해보는 것이다.

또한 상대방의 사소하고 작은 행동에도 과한 감정을 느꼈을 때 그것이 자기의 무엇에서 나온 것인지 한 번 돌아보는 것을 시도했다. 그리고 상대방이 과한 감정을 드러내더라도 거기에 바로 휘말리지 않고 '어떤 자기 경험 때문에 저렇게 격한 반응을 할까' 하면서 좀 떨어져서 생각해보는 연습도 했다.

이런 훈련과 시도가 지속되자 조금씩 변화가 일어나기 시작했다. 우선, 남편은 자신의 감정과 생각을 말하기 시작했다.

"당신이 왜 말을 안 하냐고 채근하면 나를 무시하는 것 같아 기분 나빠."

부인도 되도록 자기감정을 좀 더 부드럽고 천천히 드러냈다.

"얘기 더 하고 싶은데, 그냥 방으로 들어가니까 섭섭해."

"잠깐 게임 한 판하고 이야기하면 안 될까?"

부부에게 조금은 여유가 생긴 것이다.

배우자에게 너무 심하게 화가 나거나 조절되지 않으면, 이전에 부모와 해결하지 못했던 감정들이 원인일 수 있다. 이것은 부부들이 모르고 있는 불편한 진실이기도 하다. 배우자의 문제나 언행은 단지 촉발제일 뿐 실은 자기 내면의 분노가 진짜 폭발물이다. 배우자의 어떤 행동이 본인의 어떤 욕구를 더욱 좌절 또는 충족시키는지를 진지하고 차분하게 살펴보는 것이 정말 중요하다.

뭉뚝해도 무서운 칼날,
비난

한국 영화 〈내 아내의 모든 것, 2012〉에서는 남편에게 늘 지적과 비난을 일삼는 아내, 연정인(임수정 역)의 행동이 중요한 모티브가 된다. 아내는 싸움닭이다. 남편 이두현(이선균 역)은 아내의 잔소리와 원망과 독설을 견디다 못해, 아내의 손아귀에서 벗어나고자 카사노바 장성기(류승룡 역)에게에게 자신의 아내를 유혹해달라는 기괴한 계약을 맺는다. 장성기는 임무수행을 위하여 남편에게 아내의 좋은 점과 나쁜 점 등 모든 정보를 달라고 한다. 그런데 계획과는 달리 장성기는 연정인을 진심으로 좋아하기 시작했고, 아내와 카사노바는 진짜로 사랑을 나누기 직전까지 가면서 다음과 같은 대화로 아내의 캐릭터를 한 번 더 조명한다.

"당신은 너무 예뻐요, 남자들에게 엄청 인기가 많았을 것 같아요."

"저는 별명이 '두 달만'이었어요, 학기 초에 처음 사귈 때는 예뻐서 잘 사귀다가 두 달이 지나면 어느새 제가 싸움닭이 되어 있었거든요."

영화 대사지만, 주변에서 가끔 접할 수 있는 여성의 모습이다. 영화 속에서는 아내가 평소 원했던 대화와 소통을 카사노바가 너무나도 잘해주었고, 아내는 자신을 이렇게 좋아해주는 남자가 있음에 마음이 환해진다. 결국 남편은 경각심과 질투를 시작으로, 사랑과 관심이 필요했던 아내를 이해했고, 아내를 향한 사랑을 다시 찾는다. 그리고 아내 역시 남편의 심정을 이해하고, 자신의 독설과 불평은 결혼하면서 혼자가 되어버린 외로움에서 비롯되었음을 알게 되면서 영화는 해피엔드로 막을 내린다.

사실 원망하는 사람 속으로 들어가 보면 상대에게 겪는 좌절감이나 답답함이 많이 쌓여 있다. 상대의 문제가 심하다보니 자기도 모르게 화가 쌓이고, 좋은 소리보다는 거칠고 날 선 목소리를 내게 된다. 그래서 잔소리를 하는 것도 당당하고, 푸념과 원망도 너무 당연하다고 생각한다. 그러다보면 어느새 싸움닭같이 돼버린 자기를 발견한다. 또, 만약 상대방의 자아 기능이 약한 경우라면, 비난과 원망이 그 사람을 치명적으로 다치게 하는 칼이 될 수도 있다.

_____ 비난과 질책의 치명적 위험

남편의 비난과 질책이 너무 힘들다고 자살 시도를 했던 W. 그녀는 감정 표현도 없고, 매사에 수동적이고 느리다며 남편에게 자주 질타를 들었다. 그녀는 결혼 전부터 우울증이 있었는데, 질병인 줄도 몰랐다. 남편의 비난과 질책은 그녀의 우울증을 더 심하게 만들었지만, 그녀는 치료받을 생각조차 하지 못했다. 자살 시도를 한 그날에도 남편은 여전했다.

"당신과 사는 게 너무 재미없어."

남편의 비난은 거의 습관적이었다. W는 그냥 모든 것을 끝내고 싶어서 모아둔 수면제를 다 털어 넘겼다. 다행히 남편이 빨리 발견하여 생명에 지장은 없었다. 하지만 남편은 아내의 손에 꽉 쥐어진 종이에 쓰인 것을 읽고, 큰 충격을 받았다.

"당신과 사는 것이 너무 힘들었어. 이제 나 자유로워지고 싶어. 당신도 이제 나 같이 형편없는 여자는 잊고 자유로워지면 좋겠어."

남편은 자기 심정에만 빠져서 아내가 얼마나 힘든지 전혀 몰랐다. 아내는 병원에서 우울증 치료를 권고받고, 약물치료와 심리 상담을 병행하게 되었다. 그녀는 자기가 비난받을 때마다 스펀지같이 다 빨아들였다. 화가 났지만 외부로 향하지 못하고, 자기 내부로 향했던 것이다. 남편도 아내의 자살 시도 이후 자기가 상처를 주지 않는지 강박적으로 자기 검열을 했고, 아내에게 죄책감을 느끼는 등 마음이 힘들어서 상담을 하게 되었다.

_____ 당연하다고 믿는 것을 깨버리자

비난과 원망 행동이 습관적이라는 것은 그 사람 내면에 엄청난 좌절감과 분노가 도사리고 있다는 뜻이다. 배우자에게도 나타나지만, 회사에서도 다른 대인 관계에서도 그것은 반복될 수 있다. 그러면서 알게 모르게 사람들에게 상처를 주기도 하고, 관계가 틀어지기도 한다. 자기 안의 뿌리 깊은 좌절감과 그로 인한 분노를 모른 채 그저 현재 자기가 비난 하고 질책하는 것은 그럴 만하다며 당연하게 여긴다.

끈질긴 비난이나 질책은 '~해야 한다'는 당위적 생각이 너무 강해서 일어난다. 당위적 생각이 강한 만큼 자신의 불만과 분노는 정당해진다. 그래서 참을 필요도 없이 내뱉고, 상대방은 그것을 고쳐야 한다는 논리를 펼친다. 부부의 어느한쪽의 당위적 생각이 너무 강하면 상대방도 거칠고 강해진다.

W는 남편에게 '빨리 그리고 효과적으로' 해야만 한다는 재촉을 너무 많이 당했다. 아마도 그녀의 남편은 그렇게 살아왔으며 매우 쫓기면서 불안하게 산 것 같다. W가 좀 처지고 의욕을 보이지 않을 때마다 그를 분노케 했던 것은 그의 당위적인 생각들 때문이다. 자기에겐 당연해도 전혀 다르게 살아온 W에겐 아주 낯선 일이다. 특히 우울증을 앓는 그녀에겐 너무 고통스러운 요구였다.

비난과 원망과 질책이 많은 사람이라면 자신에게 어떤 당위적 생각이 강하게 뿌리내렸는지 점검하고, 좀 더 유연해질 필요가 있다. 본인의 생각을 너무나도 옳다고 믿으면 상대방에게 강요하게 되며, 상대가 그것을 잘 따르지 않으면 분노가 튀어나오는 것이다.

원망과 비난은 관계 파괴의 주범이므로, 자기의 습관적 비난이 혹시 남을 죽이는 칼이 되고 있지 않은지, 비난하고 싶을 때마다 멈춰봐야 한다.

내가 없는
성관계

_____ 혹시 내가 불감증일까?

A는 성생활이 즐겁지 않은 이유가 뭔지 몰라서 고민하고 있었다. 자신이 불감증인 것 같고, 성욕이 너무 없는 것 같기도 하다고 했다.

"결혼 1년 차 때는 그렇게 좋지 않았어도 남편이 원하면 그래도 관계를 하긴 했어요. 2년 차가 되면서는 성관계를 직접적으로 피하니, 남편이 기분 나빠하면서 더 다투게 되더라고요."

A는 남편이 너무 자주 요구하니까 그럴 수밖에 없었다. 남편은 사랑하니까 섹스를 한다면서 점점 더 요구하는데, 그녀는 남편이 성교만 밝히는 사람 같아서 더 싫었다. 남편

은 그녀가 자기를 사랑하지 않기 때문이라면서 화도 내고 많이 섭섭해했고, 둘의 관계도 많이 안 좋아졌다. 남편은 성적인 사랑이 너무 중요하다고 하고, 그녀는 성욕이 점점 없어지고 성관계도 즐겁지 않으니 어떻게 해야 할지 난감했다.

상담에서 그녀의 섹스 전후의 감정과 생각을 알아보았다. 그녀는 남편을 사랑하니까 그를 만족시켜 주고 싶었다. 그래서 섹스를 할 때도 자신의 감각에 집중해서 즐기기보다는 어떻게 해야 남편이 좋아하는지에 몰두했다. 자신이 어떤 반응을 하면 남편이 좋아하고, 어떻게 해주어야 남편이 더 흥분하는지에만 신경을 쓰고 있었다. 적당한 시점에 에로틱한 신음도 내고, 자신도 오르가슴을 느낀 듯 연기를 하다보니 성적 감각이 더 무뎌진 것이다. 그녀에게 섹스는 유희가 아닌 봉사가 되었고, 그것은 상대를 충족시켜주면서 더욱 사랑받고자 하는 마음 때문이었다.

남편은 성욕과 성적 갈망을 사랑의 정도로 믿고 싶어 했다. 아내가 예전에는 섹스를 좋아했고, 그래서 자신을 많이 사랑한다고 믿었는데, 아내가 점점 섹스를 피하자 이제 사랑이 식은 것으로 오해하고 더욱 요구만 하게 되었다. 이뿐만 아니라 남편은 아내가 만족하고 즐기는 정도를 자신의 능력과 관련지어 생각했기 때문에 아내의 반응에 더욱 좌절감을 느꼈다. 두 사람 모두 성에 대한 자기만의 왜곡된 생각에 빠져 있었던 것이다.

_____ 섹스 속 평가 심리

행복한 성적 사랑을 방해하는 것은 섹스를 사랑의 크기나 성적 능력으로 규정지으려는 생각이다. 그렇게 되면 성관계에서도 자신을 평가하는 태도가 끼어들게 된다. '이 정도면 만족하겠지. 잘할 수 있을까' 하면서. 상대의 만족도를 자신의 성적 능력이나 사랑받는 지표로 삼는 것이다. 남녀 할 것 없이 이런 심리가 작용하는 경우가 많다. 이렇게 되면 성을 편안하게 즐길 수 없다. 그 때문에 다양한 성 기능 장애가 생기기도 한다.

남성은 성욕을 사랑이라고 하지만, 그것은 착각이다. 욕구가 많이 올라오는 것은 욕망일 뿐이다. 자신의 성욕을 조절하고 관리하면서 성생활을 갖는 것이 사랑이다.

A는 성생활이 아닌 영역에서도 남편에게 지나치게 맞추려는 태도가 있었다. 그녀는 그런 태도 자체가 부부간에 만족감을 떨어뜨리고, 일상의 행복도 잘 느끼지 못하게 만든다는 사실을 깨달았다. 그렇게 상대를 만족시키려는 것은 이타적인 욕구라기보다 남편의 사랑을 더 많이 더 확실하게 받으려는 자신의 동기 때문이었음도 알게 되었다. 이제 그녀는 남편과 성관계를 즐길 수 있기 위하여 자신의 감각에 집중해야 한다는 점을 쾌히 받아들이고, 이해했다. 남들이 이야기하는 절정 경험이나 쾌감을 기준으로 삼지 말고, 자신이 즐길 수 있는 성감대와 즐거움을 찾아보기로 했다.

이것은 마스터스와 존슨Masters & Johnson의 성 치료 방법인 감각 집중법sensate focus sensate focusing[7]이다. 그들에 따르면 성 치료의 궁극적 목표는 오르가슴의 경험이 아니라 자신 및 상대방의 욕구를 자각하고, 이를 스스로 또 함께 증대시켜 더 큰 성적 만족을 추구하고자 하는 것이다. 성행위 시에 일어나는 자신의 다양한 감각 경험에 집중하고, 상대와 소통하는 것을 권고하고 있다. 즉 성행위의 과정 동안 자신의 감각에 매우 집중하고, 음미하는 것이다.

부부 사이 성생활 만족도는 쾌감의 절정 경험에만 국한할 수는 없다. 성감대를 부드럽게 터치하는 손길에서도, 서로 안아주고 살을 부비며 잠이 들기만 해도, 성적인 사랑을 나누는 것이다.

가리고 싶은
내 모습

_____ 행복함 속에 끼어드는 그녀의 걱정들

　신혼인 E는 행복한 생활을 하고 있는데도 불안하고 우울
했다. 그녀는 남편의 사랑도 듬뿍 받고 있고, 시부모님도 괜
찮고, 겉으로는 만사 좋았다.

　"저는 좋은 음식을 먹을 때 부모님이 생각나요. 예쁜 집에
서 편안하게 살고 있을 때는 자꾸 불행한 친정이 떠올라요.
그러면 기분이 처지고 우울해져요. 이렇게 기분이 안 좋아
지면 저는 애써 즐거운 표정과 좋은 마음을 가지려고 하지
만, 그럴수록 더 안되어서 또 우울해지는 거예요."

　그녀는 불안과 우울을 감추고 싶었고, 그저 예쁜 신부이
고만 싶었다. 그런데 가끔 친정엄마와 통화를 하고 나면 기

분이 깊이 가라앉았다. 엄마가 아빠랑 싸운 일이며 돈 때문에 힘들다는 이런저런 이야기를 하는데, 엄마에게 돈을 드릴 수도 없고, 마음을 풀어줄 수도 없으니 무력해졌다. 하지만, 정말 그것을 감추고 싶었다. 친정의 어두운 이야기가 드러나는 것이 너무 싫었다.

그녀는 자기 결혼 안으로 친정의 불행과 기억들이 들어올까 봐 불안했지만 이미 자신의 마음속에서 떠나지 않고 있으니 지금의 행복을 누릴 수가 없었다. 그녀는 두고 오고 싶었던 그 무거운 걱정과 아픔을 이제 꺼내서 빨리 정리를 하든 버리든 해야 했다.

_____ 결혼하면서 놔두고 가야 하는 것들

결혼을 하면 부모의 짐은 두고 가야 하고, 자기 짐을 잘 담을 수 있는 좋은 가방은 꼭 가져가야 한다. 부모가 지어야 할 짐은 어깨에서 내려놓고 장가가고 시집가는 것이다. 결혼해서 잘 살려면 부모와 건강하게 분리되는 것이 꼭 필요하다. 아버지의 고약한 성질과 무능 때문이나 엄마의 도박이나 질병 때문에 자식이 늘 같이 짐을 지고 고생했다면, 이제 결혼과 함께 그것을 내려놓아야 한다. 그러니 결혼은 정말 새로운 시작점이다.

결혼 전에는 잠시 부모의 짐을 같이 질 수 있지만(잠시가 중요하다), 결혼하면 곧 내가 질 짐부터 잘 챙겨봐야 한다. 짐이란 단어가 맘에 들지 않으면, 자기가 감당할 어떤 것이라고 생각해도 좋다. 그것을 챙겨보는 것이 독립의 첫 단계이다. 장가를 간 남자, 시집을 간 여자, 두 사람은 이제 가정을 어떻게 꾸릴지, 어떤 것을 계획할지, 우리가 피할 것은 무엇인지 챙겨야 한다.

신혼인 E는 상담을 계속해나가면서 이제 친정의 문제나 짐을 내려놓아야 하는 것을 알았다. 그런데 알지만 안되게 하는 걸림돌이 있었다. 그것은 자신이 그동안 해왔던 역할(부모가 싸울 때 중재했던 일, 습관적으로 카드를 긁는 엄마를 막는 일, 돈 때문에 경찰서에 가서 해결하는 일)을 이제 할 사람이 없으니 친정이 끝장날 것 같은 불안이었다. 그러면서 신랑과 시댁에 친정의 치부들이 다 드러날 것 같은 불안에 또 시달렸다.

그리고 E가 부모의 짐을 좀 내려놓고 잊고 싶어도, 친정 엄마가 결혼한 딸을 놓아주지 않는 형국이었다. 엄마는 흐느끼면서 자기 힘겨움을 뉴스 전하듯이 전했고, 계속 행복하게 사는 딸을 부러워했다. 그러니 딸은 혼자 힘으로 엄마 목소리를 외면할 수도 잊기도 어려웠다.

이처럼 부모가 결혼한 자식을 계속 움켜잡고 있으면 자식은 죄책감과 분노라는 양가감정으로 괴롭다. 조금이라도 책임감이 있는 부모라면 자식을 놓아주어야 한다.

상담을 하면서, 부모가 자식을 변화시키는 경우는 자주 보는데, 그 반대는 훨씬 희박하다. 그것은 부모 자신도 어떻게 하지 못하는 오래된 문제가 있어서 그렇다. 자식이 부모 문제에 끼어들어서 애를 써보지만, 무력감과 상처만 남을 때가 많다. 그러므로 부모의 문제나 짐에서 독립하려고 해야 한다. 혹시 죄책감이 든다면, 그 짐을 지고서 다시 부모를 증오하거나 부모가 사라지기를 바라는 자신의 심정을 돌아보자. 대부분의 부모 또한 자식에게 증오의 대상이 되기보다는 차라리 혼자 힘든 것이 낫다고 생각한다.

E의 경우는 부모와 정서적 독립을 하는 것이 필요하다. 부모의 수치스러운 인생이 남편에게 드러나면 자기도 형편없는 여자가 되는 줄 안다. 그것은 아직 부모와 자기를 분리하지 못했기 때문이다. 그녀는 미성숙하고 문제 많은 부모와 살면서도 삐뚤어지지 않고, 잘 성장한 대견한 사람이다. 부모와 분리되면 남편과 함께 부모 흉도 원망도 할 수 있다. 남편 또한 그저 아내의 그 심정을 나누면 그것으로 족하다.

성인이 되어 부모 자식 관계가 건강하려면 양측 모두 건강하게 분리되는 것이 필요하다. 만약 부모가 그것을 힘들어한다면 자식이 해내야 한다. 결혼은 부모와의 관계를 새롭게 만들어간다는 점에서 또 하나의 시작이기 때문이다.

감정의 억압,
그 여파

_____ 이유 모를 눈물, 두통과 복통

G는 40대 초반의 주부이다. 눈물이 많은 편이었지만, 최근에는 시도 때도 없이 눈물이 주르륵 흘러서 당황스러울 때가 많았다. 몸 컨디션도 좋지 않아 피로감이 심했다. 가슴이 확 답답하기도 했다. 가끔 두통과 복통이 심해서 검진을 받아보았는데, 다행히 큰 병은 없다고 했다. 남편은 '병원 가봐, 운동을 좀 해봐'라는 말로 한두 번 대꾸는 하는데, 그냥 한 귀로 듣고 한 귀로 흘리는 것 같았다.

맞는 말인데, 서운하고 밉다. G는 툴툴거리다가 갑자기 눈물을 주르륵 흘렸다.

"아파 죽겠는데, 무슨 운동이냐? 자기 몸 아니라고."

그녀는 눈물에 의미를 붙여야 했다. 눈물이 흐르는 그 순
간에는 꼭 유체이탈이라도 한 것처럼 생각도 없고, 기분도
모르겠다. 도대체 무엇 때문에 눈물이 나는지 생각해보니,
신세 처량한 자기 모습 때문이었다. 아무것도 손에 쥔 것도
없고, 해놓은 것도 없는데, 계속 아프기만 하니 참으로 한심
하고 처량하다는 그 느낌 때문에 '내가 우는가 보다'라고 정
리했다. 이렇게 대충 이유를 알아도 조절이 안 된다. 게다
가 몸까지 여기저기 아프다 보니 점점 신경질적으로 변하
는 것 같았다.

아프고 힘들어하면서 늘 찌푸린 G를 보는 남편 심정은
어떠할까? 애틋하고 측은할까? 외면하고 피하고 싶을까?
남편 일이 점점 더 바빠지는 것은 남편의 심정이 반영된 것
일까?

남편은 TV 드라마를 보면서 울고 있는 G를 보면 '왜 저래?'
하는 거부감이 들어 슬쩍 자리를 뜬다. G는 눈물이 더 난다.
이번 눈물은 그에게 야속함을 느껴서다.

그녀가 간신히 힘을 내서 밝은 얼굴을 만들 때가 있다. 입원해 있는 친정엄마를 만날 때나 가끔 친구들을 만날 때나 남편의 실적을 채워주려고 지인들에게 부탁할 때이다. 그렇게 웃고 있으면 가면을 쓴 것 같아 어색하고 힘든데, 남편은 그때의 모습을 보고 그렇게 좀 계속해보라고 한다. 그러면서 좀 더 가깝게 다가오는 것 같아 그녀도 어느 정도 괜찮아지는 느낌이 들었다. 한 번은 남편이 지인이 한의원을 개원하니까 거기 가서 약을 짓자고 해서 같이 갔다. 한의사가 부인 속에 화가 많다고 하면서 남편에게 "부인을 좀 더 잘 챙겨주셔야겠네요"라는 말을 하는데, 옆에서 그녀는 속이 시원해지는 것을 느꼈다.

G의 몸과 마음은 남편과 연결되어 있다. 그녀는 인정하기 어려웠지만, 남편과 멀어진 것 같으면 더욱 우울해지고, 몸도 더 아픈 것을 부인할 수 없었다. 그렇다고 남편 탓을 할 수도 없고, 길을 못 찾겠다. 남편도 자꾸 아프다며 갑자기 우는 아내에게 어떻게 해야 할지 모르겠다. 아내의 눈물과 신체적 아픔은 남편과 어떻게 연결돼 있을까?

_____ 묻어두고 잊으려고 했던 것이 탈이었다

묻어두고 잊으려고 하면서 더 이상 그와 관련된 일이나 감정을 의식으로 떠오르지 못하게 하는 것을 '억압'이라고 한다. 억압은 심리적 장애의 원인이다. 간단히 설명하자면, 감정을 느끼면 고통스럽고 불안하기 때문에 그것을 느끼지 않으려고 무의식으로 밀어두지만, 감정과 감정을 일으킨 욕구는 절대로 없어지지 않기 때문에 거기서부터 마음의 병이 생긴다는 것이다.

특히 억울함이나 분노를 심하게 느꼈는데 그것을 성공적으로 억압해서 의식하지 못하게 되면, 분노해야 할 다른 상황에서도 분노 감정을 느끼지 못하고, 적절하게 대처하지 못하는 경우가 생긴다.

분노를 억압한 결과는 매우 다양하게 나타난다. G처럼 여러 신체적 증상을 갖거나 아무 데서나 눈물이 터지는 증상은 꽤 흔한 편이다. 또는 종로에서 뺨 맞고 한강에서 화풀이하는 행동이 무의식적으로 이뤄진다. 그래서 항의해야 할 대상에게는 아무 소리도 못 하다가 약하고 편한 대상에게 분노를 터뜨린다. 이 경우들 모두 결국 자기 분노를 모르고 있으니 어떻게 자기 마음을 돌봐야 하는지 모른다는 공통점이 있다.

분노란 자신의 중요한 욕구가 좌절되고 권리나 이득이 무시되었거나 혹은 공격받을 때 일어나는 자기 보호적인 합당한 감정이다. 그것은 어떻게든 억압해놓기보다는 풀어서 사라지게 하는 것이 제일 좋다. 묵혀두면서 더 곪으면 언젠가는 안 좋은 방식으로 분출되기 마련이다.

그럼 G는 도대체 무슨 감정을 억압한 것일까? 분노든 공포든 왜 그것을 그때 바로 터뜨리지 않고 억압해야만 했을까? 자세히 돌아보아도 남편에게 그렇게 심하게 쌓인 것은 없었다. 결혼생활에서 잠깐 불임으로 고민한 것 말고는.

G는 결혼 5년 정도 되었을 때 불임이란 것을 알았다. 시험관 아기 시술을 할지 말지 고민하던 차에, 무뚝뚝하고 말이 없는 남편이 "애가 없으면 어때" 하면서 그 시술은 여자가 너무 힘드니까 하지 말자고 했다. G도 사실 하고 싶지 않아서 그냥 따랐다. 그런데 남편의 진짜 마음이 궁금했다. '정말로 자식을 원하지 않는 것일까?'라는 의심을 하던 차에, 남편이 시동생에게 '네 아들이 부럽다'라고 하는 말을 들

어버렸다.

G는 그때 이후로 분노와 불안이 섞여 올라와서 많이 힘들었다. 시동생을 부러워하는 남편에게 분노가 일어났다.

"왜 그때 시술을 포기하자고 해서 나를 비참하게 하지?"

동시에, 이제 불임은 그녀 자신을 아주 가치 없는 사람으로 느끼게 했다. 남편이 자식 없어서 나중에 딴마음 먹으면 어떡하지? 하는 불안도 느꼈다. 한동안 괴로웠기에 임신, 출산과 관련된 모든 감정을 느끼지 않으려고 했고, 잊으려 했다. 그러나 어떤 경우든 감정 억압이 계속 성공적으로 유지되기는 어렵다.

정신 건강을 위해선 크든 작든 자신의 감정을 잘 느껴보고, 그것을 잘 풀어내서 감정이 잘 흐르도록 하는 것이 필요하다. 우리 몸의 혈액이 잘 순환하려면 혈관이 막힘없이 건강해야 하는 것처럼 감정의 혈관이 어떤 감정 덩어리로 막히게 내버려 둬선 안 된다. 그러려면 순간순간 자신의 감정을 느끼고, 수용하고, 또 흘려보내야 한다.

서로 다른
교육관

───── 아이를 좀 내버려 둬라 vs 당신은 상관 말라

아내의 하소연.

"남편은 아빠 역할도 제대로 안 하면서 제가 아이 때문에 이리 뛰고 저리 뛰고 하는데, 타박만 해서 화가 나요. 저는 엄마로서 최선을 다하는 중인데, 남편은 도와주지 못할망정 자꾸 그만 좀 하라는 거예요. 왜 또 팀을 만들었냐? 축구는 왜 그렇게 먼 곳에 가냐? 그만 좀 해라, 애 잡겠다, 하면서 오만상 찌푸리고 말을 하는 거예요. 아들 목욕 한번을 시켜주나 책을 한번 읽어주나, 자기는 하는 것도 없거든요. 게다가 기껏 놀아준다고 하는 게 누워서 TV나 같이 보고, 게임하고 싶다면 그러라고 하고, 친구랑 놀고 싶어 하면 놀다

오라고 하고, 그뿐이에요."

남편의 하소연.

"저도 아들 잘 키우고 싶은 마음은 똑같아요. 그런데 아내
는 온종일, 한 달 내내, 그리고 일 년 내내 아들만 보면서 뭘
할지를 짜는 거예요. 축구부, 애들 생일 파티, 바이올린, 창
의력 게임, 유치원 엄마 모임, 학급 부모 모임 등등 이루 다
말할 수가 없어요. 당연히 본인도 힘들고, 애도 힘들 수밖
에 없잖아요. 아이도 그걸 다 하기가 힘드니까 안 하려고 해
요. 그럼 화내고 짜증 내고, 그러니까 아들은 자꾸 거짓말이
늘고 또 거짓말했다고 혼나고요."

그들의 다툼은 팽팽했고, 상담실에서도 일어났다. 어떻
게든 아들을 잘 키워보고 싶은 마음은 엄마나 아빠나 같았
지만, 그 방법은 전혀 딴판이었다. 아빠는 아들의 자율성을,
엄마는 아들에게 좋은 경험과 좋은 자극을 주자는 것이었
다. 아들에게 둘 다 필요하다는 것은 두 사람 모두 인정했지
만, 부부가 자신의 소신을 절대로 굽히지 않았기에 그 피해
는 고스란히 아들이 입고 있었다.

가정에 '부부가 없다'는 점이 더욱 문제였다. 두 사람 모두 서로에게는 별 관심이 없고, 아들을 어떻게든 잘 키우고 싶은 마음만 강했다. 이러한 점을 거론하니, 남편은 그 부분에서 할 말이 많단다. 아기를 낳자마자 너무 아이에게만 집중하니, 많이 싸웠다고 한다. 작년부터는 주말에 아들 축구 데려다준다고 나가고, 저녁 먹고 좀 편하게 아내와 같이 TV를 보려고 하면 아들 잘 때 책 읽어줘야 한다니, 잠자리도 갖기 어려웠다고. 아내는 아내대로 '조금 더 아이 중심으로 시간을 보내자'라고 하면서 남편에게 아빠 역할을 못하는 것이 문제라고 한다.

_____ 둘 다 옳다 그러나 싸움이 문제다

부부가 자주 싸우는 이유 중 하나는 아이들의 교육 문제와 훈육 방법 때문이다. 자기 교육관만이 옳다고 믿을 때 더욱 그렇다. 그렇게 싸우다가도 어떤 부부는 아이를 위하여 한 쪽이 참아보기도 한다. 또는 싸우다 보면 방법이 다를 뿐이지 근본적으로 같은 생각임을 확인하고 좋은 방책을 찾기도 한다.

그러나 그렇지 못한 경우도 많다. 애들 문제로 서로 싸우다가 상대방이 자기를 무시했느니, 무식하다느니 하는 말로 큰 싸움으로 번지고, 불화가 되기도 한다.

애들 문제만큼은 너무 감정적으로 휩쓸리거나 분노를 터뜨리지 말고, 이성적으로 대화할 주제이다. 아무리 좋은 교육관을 가졌다 해도 엄마 아빠가 제대로 의사소통을 못해서 서로 다른 기준과 방법을 주장하다 보면 아이만 더욱 혼란스러워진다. 부부의 감정싸움 결과가 고스란히 아이 몫이 되는 경우가 많다.

이제 두 사람은 '옳다 그르다'로 싸울 것이 아니라 정말 아들을 어떻게 키우고 싶은지 자기 마음을 찬찬히 얘기할 때이다. 각자 자기 나름대로 양육의 소망과 그 방법을 말하다 보면 자신의 부모가 어떻게 자기를 길렀는지도 말하게 된다.

아내는 어린 시절 부모가 교육에 신경을 안 썼던 것을 늘 원망스러워 했다. 부모는 돈 버는 것과 할머니 할아버지 병간호에만 신경 썼지, 아내가 하고 싶은 것을 말해도 무시당했던 상처. 그 때문에 아들에게 무엇이든 더 해주고 싶어 했

다. 그런 게 너무 사무쳐서 아이에게 좀 과한 면이 있다고
인정했다.

남편은 아내의 성장기를 들으면서 아내를 좀 더 이해했
고, 측은한 마음도 들었다.

"어렸을 때 하고 싶은 것이 많았을 텐데 도와주는 사람은
없고, 힘들었겠네."

_____ 아내는 남편의 이 말을 듣고 눈물을 흘렸다

남편은 비교적 부모의 울타리 안에서 편안하게 지낸 편이
었다. 그런데 요즘 직장 생활을 하면서 너무 고달팠고, 경쟁
적으로 살아야만 하는 이 세상에 지치기도 했다. 그는 자식
을 그냥 두어도 언젠가는 자기처럼 힘들게 감당하면서 살
아야 할 날이 오고, 또 그렇게 아들이 살 것이라고 믿었다.
그런데 아들이 벌써부터 너무 힘들게 산다고 생각하니 아
들을 구하고 싶었다. 그리고 무엇보다도 아들에게 중요한
것은 자율성과 자립심인데, 그것이 없어질까 걱정했다.

자기 들보는 잘 못 보지만, 딴 사람의 티끌은 너무 환하게 잘 보는 것처럼 부부도 자기 허점은 못 보고, 상대의 허점은 선명하게 잘 보았다. 그렇게 되면 각자는 상대방의 의견을 잘 듣지 않으려고 하고, 싸움이 깊어지는 것이다. 따라서 자녀 교육 문제를 이야기할 때는 반드시 서로 존중해야 한다. 왜냐하면, 자식 교육 문제만큼은 대부분 심사숙고하고, 진지하게 생각하기 때문이다. 그러므로 대화하면서 상대방의 의견을 적어도 한 가지는 존중하고 인정해야 한다.

자녀 양육과 관련해서 그녀의 자식 사랑법은 아들에게 더 좋은 것을 주고 싶고, 아들이 잘하는 것을 세심하게 찾아서 도와주는 것이었다.

남편의 자식 사랑법은 너무 힘들게 뭔가를 시키지 말고, 부모가 좀 덜 관여하고 아들 하는 대로 믿어주는 것이었다.

부부가 서로 존중하면 적절한 또 하나의 자식 사랑법이 탄생하는 것이다.

아내는 자율성을 가로막는 엄마가 되지 않기로 했다. 남편은 부인의 많은 노력과 공을 인정하기 시작했다. 아들이 다양한 곳에 흥미가 많고, 선행 학습을 잘 따라 하는 것도 엄마 덕이니 아내의 노력을 믿어보기로 했다.

아내나 남편이나 서로 상대의 소신을 존중하면 더 큰 해법이 생긴다.

집안일과 육아의
협업 부재

_____ 끝나지 않는 일 그리고 육아

L은 임신과 출산 그리고 양육 기간을 2년 가졌다. 꽤 긴 공백이다. 출산휴가 3개월만으로는 아기에게도 자기에게도 가혹한 생각이 들어서 1년 정도 아기를 키우고, 다시 일할 계획이었다. 그런데 이런저런 이유로 복직이 계속 미뤄지다 보니 벌써 2년이 되었다. 더는 안 될 것 같아 떨어지지 않으려는 딸아이를 두고 다시 직장을 구했다. 전문직이라서 취업은 어렵지 않았다. 그래도 그녀가 내세운 주 4일의 근무 조건과 출근 동선을 고려하다 보니 만족하기 어려운 연봉을 수락해야 했다.

L의 계획은 이러했다. 토요일 포함해서 주 4일 근무니, 토요일은 남편이 아기를 보고, 친정엄마가 평일 4일을 봐주면 하루는 그녀만의 시간이 된다고 믿었다. 일요일은 잘 휴식하면 될 테니 그럭저럭 잘 지낼 수 있을 거라고 생각했다. 그녀가 이런 계획을 말하니 남편도 좋다고 했다. 그런데 한 달 해 보니 기대와는 달랐고, 생활이 헝클어지고 있었다. 왜냐하면 해도 해도 계속 생기는 집안일과 퇴근 후에도 자나 깨나 엄마를 찾는 아기를 미처 다 고려하지 못했기 때문이다.

직장에서는 오랜만에 일을 해서 그런지 긴장도 되고, 에너지를 온통 다 쓰게 되어 지쳐서 집으로 왔다. 집에 오면 기다리고 있었다는 듯이 친정엄마는 바삐 가시고, 그때부터 아기는 완전히 그녀에게 붙어 있었다. 출근 전에도 그녀는 아이 먹을 것과 입을 것을 준비해야 했고, 친정엄마가 아이와 같이 가야 할 운동 교실도 다 챙겨야 했다. 그녀가 확보하려고 했던 그 하루는 항상 아이 일과 집안일로 다 써야 했다. 주 4일 근무 일정은 남편에게 그녀의 시간이 이제 좀 헐렁하다는 인상만 남겨버렸다. 남편은 자기가 맡은 토요일의 양육을 가볍게 여기고, 모임에 나가고는 했다.

그런 생활이 석 달이 다 돼갔다. 그녀는 일주일을 기진맥진 보내는 느낌이었고, 일요일에 쉬려고 하면 남편이 더 많이 자버렸다. 남편에게 바른 소리도 해보고 짜증도 내보지만, 그는 자기도 힘들어 죽겠다고 하면서 같이 짜증을 냈다. 그녀는 어떤 때는 싸울 힘도 없어서 그냥 남편을 안 보곤 했다. 그녀가 사실 복직을 미루게 된 것도 아기를 키우는 데 남편 협조를 구할 수 없었기 때문이었다. 남편은 항상 자기 일이 바빴고, 자기 모임이 중요했다. 몇 번 그것으로 싸웠지만, 남편은 미안하다고 하는 것으로 끝났다. 그녀는 더는 남편과 같이 살고 싶지 않았다. 그의 이기심에 너무 화가 나서 헤어지고 싶었다.

_____ 뒷짐 진 남편의 태도

그녀가 제일 참을 수 없는 것은 남편의 태도다. 남편은 아내가 집안일이나 양육으로 발을 동동 구를 때 별로 신경 쓰지 않는다. 남편 말로는 아내가 그냥 다 알아서 하겠거니 믿음이 간다고 한다.

L이 정신적으로나 신체적으로 왜 그렇게 소진됐는지 잘

살펴보니 사실 혼자서 다 도맡아 하는 습관이 있었다. 출산해서도 좀 부탁하고 조르면서 남편에게 아기 목욕이나 우유 먹이는 것을 시켰어야 했는데, 몇 번 말하다가 답답하다면서 자기가 다 해버렸다.

결혼해서 처음 가사 일을 나누어 맡을 때 상대가 한 것에 대하여 한 사람이 이러쿵저러쿵하면 그가 육아의 책임자가 돼버린다. 그리고 다른 한 사람은 뒷짐 지게 되기 쉽다.

남편은 성장할 때 어머니가 모든 것을 다 해줘서 살면서 필요한 자질구레한 일들을 신경 쓸 줄 몰랐다. 그녀는 그런 면을 결혼 준비하면서 눈치챘지만, 남자가 바쁘다 보면 그럴 수 있지, 그렇게 이해하고 넘어갔다. 그런데 아기가 태어난 뒤로도 남편은 아기 사랑이 지극하기는 하지만, 실제로 아기가 밤에 울면 안아주지도 않았고, 배고프다고 울면 아내를 계속 부르기 일쑤였다. 출산 후 1년 동안 휴직하고, 혼자서 하다 보니 그것이 당연한 줄 알았다.

L은 더 이상 혼자 육아를 감당하는 상황을 받아들일 수 없다고 했다. 남편은 자기도 도울 수 있는 만큼 돕고 있다고

맞선다. 그는 더 열 받는 소리를 해댄다.

"어차피 다시 일을 시작한 건 각오한 것 아니야? 다른 여자들도 그 정도는 다 힘들게 사는데, 너만 왜 유독 그렇게 죽는소리를 하는 거야."

그녀는 남편의 당연하다는 그 태도가 너무 싫었다. 그녀는 남편이 변하지 않으면 살 수 없다고 선언했다.

맞벌이 부부의 싸움은 현실적으로 당면한 일들 자체보다는 그 일을 누가 할지, 왜 안 하는지에 대한 감정들로 격해진다. 일의 양보다도 같이 하고 있다는 생각이 들면 그래도참을 수 있다. 그런데 혼자서 하고 있다는 그 느낌과 상황이소진을, 감정적 싸움을 일으킨다.

_____ 작은 짐 하나라도 같이 들면 낫지

맞벌이 부부가 집안일과 양육으로 쓸 수 있는 시간은 평일 퇴근 이후의 서너 시간과 주말 이틀이다. 이렇게 한정된시간일지라도 두 사람이 함께 협력하면 고달파도 싸울 일은 많지 않다. 그 고달픈 심정이나 스트레스도 서로 같이 나누고 위로하면 오히려 부부애가 피어나기도 한다.

그런데 문제는 나 혼자 하고 있거나 내가 너무 많이 감당하고 있는 상황이 벌어질 때다. 끝나지 않는 집안일이며 육아를 혼자 하고 있다면 그 심정은 억울하고 속상할 수밖에 없다.

따라서 책임이나 역할의 개념보다도 공유 개념이 있어야한다. 집안일은 가족 구성원이니까, 육아는 부모니까 같이 공유해야 한다. 비록 어느 한쪽이 직업과 직무상 더 시간이 없을 수 있지만, 아무리 시간이 없어도 그 일을 어떻게 할지는 늘 공유해야 한다. 혹시라도 자기 형편 때문에 상대가 더수고했으면 그것을 충분히 알아주고 감사를 전해야 할 것이다. 맞벌이 부부로 행복하게 살려면 작은 짐이라도 같이 들려는 마음가짐이 필요하다.

PART 3
- - - - - - - -

상담 테이블에서의
한 시간

힘든 사랑으로 지치고 이다지도 괴로운데,
내 마음을 들여다봐야 하는 것일까?
과연 내 마음을 들여다볼 수 있을까?

각자가 자신부터 보자는 상담자의 말!
거부감부터 먼저 들었다.
더 솔직히는 보고 싶지 않았다.

하지만 다른 방법을 못 찾았다.
내 자신을 돌아보면
사랑의 비밀을 알 수 있을까?

어쨌든 그녀가
말하기 시작했다

_____ 그래도 말하는 것은 내 몫이지

상담 한 시간 동안 어떤 일이 벌어질까?

그녀와 반년을 훌쩍 넘겨 만나왔어도 오늘의 상담 한 시간이 또 궁금하다. 그녀와는 작년 봄에 처음 만났다. 당시 그녀는 남편과 별거 중이었다. 여름, 가을을 보내고, 겨울이 막 시작될 때부터 남편과 다시 함께 살게 되었다. 그래서 이번 상담에서는 남편과의 상호작용이 매우 중요한 과제였다. "늦가을 바람이 참 차네요. 햇살이 있어서 옷을 가볍게 입었더니 춥네요."

그녀가 꺼낸 첫마디에는 생기가 있었다.

"그래요. 이제 겨울이 오려고 날씨가 차네요. 한 주 동안 어떠셨어요?"

그녀의 생기를 보니 지난주 상담에서 남편에게 시도해보기로 했던 것을 해보았고, 괜찮았나 싶다. 그녀의 대답 역시 그 시도에 관한 것이었다.

"한 주 동안, 말할까 말까 고민 좀 했어요. 그러다가 남편에게 일단 말 좀 하자고 했죠."

그녀가 말을 꺼냈으면 이미 반 이상은 되었다는 희망이 내게 올라왔다. 그녀는 예전부터 자기감정을 묻어두는 습관이 있었고, 그것은 그녀의 삶에 여러 문제를 일으키고 있었기 때문이다. 특히 남편과의 관계에서는 소통을 가로막고 있었다. 지난주의 과제는 기분 나빴던 일을 남편에게 자세히 말하는 것이었다. 그녀는 자기 심정을 겉으로 말하는 것을 너무 힘들어했고, 그렇게 감정을 억압해야만 했던 자기 아픔도 잘 이해하고 있었다. 그래서 요즘엔 상대방의 수용과 이해가 없다고 예상되어도 '어쨌든 그녀는 말하고, 남편은 듣는 상황을 만들자'고 연습하는 중이었다.

"남편의 반응은 어떻던가요?"

"입을 떼기가 어려웠는데, 제가 말을 시작하니까 남편은 가만히 듣더라고요. 우선 너무 외로워서 죽을 것 같다고 말을 꺼냈어요."

그녀의 이 표현은 새로운 시도였다. 머리, 꽁지 다 떼고, 가슴에서 느꼈던 감정부터 꺼낸 이 시도는 남편에게 적중했다. 남편의 입에서 바로 "왜, 뭐 때문에"라는 말이 나왔다. 그의 질문은 그녀의 말을 끊기만 했던 이전의 모습보다 꽤 발전한 것이다.

그녀는 남편에게 15분 남짓 솔직하게 심정을 털어놓았다. "당신이 매일 늦게 들어오니 외롭고, 혼자 애 키우는 것도 힘들어. 주말에 시댁에 가서도 소파에 누워 TV 보는 자기를 보면 또 외로워져. 그냥 늘 혼자인 것 같아. 나 너무 힘들어."

남편은 잘 듣는가 싶다가 별다른 대답 없이 자리를 옮기려고 했다.

"왜 또 피하는 거야?"

"아니, 커피 좀 타오려고."

커피 두 잔을 타서 한 잔을 그녀에게 건넸다. 그녀는 커피를 마시면서 남편의 말을 기다렸다.

"당신이 외롭다는 말을 다 하니 좀 의외네. 지금 나도 뭐라고 말을 해야 할지, 너무 힘들다는 것은 잘 알겠어."

남편은 더듬거리며 말했다. 그녀는 거기까지만 얘기하고 싱크대 앞으로 갔다. 마음속에서는 이런저런 감정들이 일어났다. '어떻게 내 외로움이 의외지? 내가 그렇게 힘들다고 하는데, 말을 그렇게밖에 못 받아?'

이전에는 이런 섭섭한 마음이 들 때 입을 다물었다. 그러나 이번에는 달랐다. '저 사람이 못 알아들어도 일단 내 마음을 알려야 해'라고 다짐했다.

"이제 자기 심정을 한 번 있는 그대로 드러내보고, 남편이 듣기만 해도 족하다고 생각하기로 해요. 별 뾰족한 답이 없어도, 못 알아들어도 너무 실망하지 않기로 해요. 일단 말을 해야 통하는지 안 통하는지 알겠지요. 어떤 말도 안 하면 어떤 것도 통할 수가 없어요."

지난번 상담 때 내가 했던 이 말이 그녀의 머릿속에 계속 맴돌았다고 한다. 내가 했던 말 그리고 상담 과제를 계속 생각했다니, 나는 그녀에게 믿음과 연대감을 깊게 느꼈다.

_____ 가벼워짐 그리고 자각

그녀는 심정을 드러내지 못했던 원인이나 이유를 잘 알았다 해도 표현하지 않으면 결국 자기 손해라는 것을 절감하게 되었다고 한다. 그러한 통찰 끝에 그녀는 상대가 어떻게 나오든 용기를 내보자고 한 상태였다. 그래서 표현을 해보았더니 일단 뭔가 덜어낸 느낌이고, 마음도 좀 가벼워지는 것 같다고 했다. 그러나 그녀는 아직 남편이 자기편이라는 것을 믿을 수가 없었다. 남편은 워낙 말이 없는 데다가 감정도 없는 것 같고, 고집불통 같은 사람이니까.

이후 상담에서는 '어쨌든 말하자'라는 그녀의 새로운 시도가 조금씩 남편의 마음을 두드리고 있음을 확인할 수 있었다. 그녀는 주말에 시댁에 가고 싶지 않아서 남편에게 바로 말을 꺼냈다.

"어머님한테는 애들 데리고 당신 혼자 갔다 오면 좋겠는데."

"왜? 별일도 없잖아, 같이 가면 안 돼?"

남편의 같이 가자는 말 뒤에 그녀는 다시 한 번 자기 마음을 꺼냈다.

"별일 없지만 가고 싶지 않은데, 꼭 가야 할 일도 없잖아."
그러자 남편은 의외의 반응을 보였다.

"그럼 엄마한테 거짓말 좀 하고, 오늘 애 좀 맡아달라고할까? 저기로 바람 한번 쐬러 갈래?"

그녀는 그 순간에 눈물이 왈칵 나왔다고 한다. 남편은 "어, 또 왜? 외롭다며"라는 말과 함께 어색한 표정을 지었다. 아내는 눈물과 함께 미소 지었다. 나도 놀라웠다. 남편이 아내 마음을 전혀 몰라준다고 생각했는데, 꽤 빨리 알아주었기 때문이다. 그날 두 사람은 호숫가 옆 카페에서 결혼 후 최초로 데이트를 했다. 아내가 더욱 획기적으로 느꼈던 것은 남편이 아내에게 자기 심정을 드러냈다는 것이었다.

"당신이 확실하게 자기 마음을 이야기해주니까 내 마음도 단순해지더라고. 당신도 힘들고, 나도 힘들어. 나도 회사에서도 안되는 일이 많으니까 그냥 확 그만둘까 싶기도 하고, 힘드니까 자꾸 술을 먹게 되고."

그녀는 이제 남편과 마음이 통하는 것을 느꼈다. 그동안 차갑고 무심했고 고집불통이었던 남편의 마음도 헤아리기 시작했다.

남편은 그녀가 자기를 싫어하고, 자꾸 피한다고 생각하면서 불만이 쌓여 점점 입을 닫으면서 술자리를 더 찾았다고 한다.

상담자이기에 나는 그들만의 역사적 현장을 같이 할 수 있었다. 그녀가 깨달아주고, 연습해주어서 정말로 감사하다. 감정 외면과 감정 억압이 많았던 사람에게는 자기 심정을 진술하고 명료하게 표현하는 연습이 중요함을 확인했다. 이 연습은 감정 정화를 돕고, 자기 인식을 돕고, 소통을 효과적으로 돕는다. 그녀가 새로운 시도를 하게 된 동력은 남편에 대한 사랑이었다. 그 마음이 회복의 동력이며 상담자는 그 동력을 가동하게끔 도와주는 사람이다.

그녀는 남편이 겉모습은 강하고 딱딱하고 독선적인 것 같지만, 자신과 비슷하게 감정을 잘 표현하지 못하고, 거절에 민감하다는 것을 알았다.

남편이 자기와 비슷한 데가 있다고 느끼니 한결 가깝게 느껴졌다. 남편에게는 이제 자기 심정을 드러내는 것이 잘 되지만, 친정이나 시어머니나 친구들에게 속마음을 꺼내기는 아직 어렵다고 한다. 그래도 언젠가는 말하고 싶다고. 그녀는 상담 시간마다 그렇게 자기 마음을 만나고 있었다.

있는 그대로
보는 눈을 갖다

_____ 팽팽한 두 사람

신혼부부가 한 테이블에 같이 앉았다. 남편과 아내는 한
차례씩 나와 각각 개별 상담을 했고, 오늘은 두 사람이 함께
앉았다. 싸늘한 긴장이 느껴지고, 막막함부터 앞선다.

"오늘 이 한 시간에 어떤 것을 가장 기대하시나요?"

"제가 좀 알아듣게 이야기를 했는데도 이 사람은 그대로
예요. 그러니까 자기 문제를 좀 받아들이고 대화도 좀 통했
으면 좋겠어요."

옆에서 아내가 내 쪽을 보며 대꾸한다.

"대화가 안되는 것은 자기 말만 하니까 그런 건데, 자꾸
제 탓을 하네요."

부부는 자신이 달라져야 한다는 생각보다 상대가 변하기를 강하게 원하고 있다. 서로에게 분노도 많이 느끼고, 공격적이며 비난도 많았다. 내 머릿속에서는 상담을 준비시키고, 자신과 상대의 마음을 보게 하자는 생각들이 있지만, 어떻게 시작할지 잠시 고민해야 했다. 글은 쓰고 지울 수가 있지만, 상담할 때 한 번 내뱉은 말은 지울 수 없으니 조심스러웠다.

아직 두 사람은 화를 내고 싶은 마음이 가득하고, 상대의 분노를 들어줄 마음이 없다. 그러니 일단 내가 두 사람의 심정에도 반응하고, 분노의 감정도 헤아리려고 한다. 그리고 두 사람 모두 대화가 통하길 바라고 있으니 나는 비난과 공격을 줄이면서 서로 대화하도록 이끌려고 한다. 그런데 그들의 끓어오르는 감정에 나도 딸려 들어간다.

남편이 그녀에게 따진다.
"회사에서는 남들에게 그렇게 친절하고 잘하는 사람이 집에서는 왜 안 그러냐?"
"회사에서도 힘들어 죽겠는데, 집에서까지 내가 긴장하고 살아야 해?"

"그 고질병, Yes병이나 고쳐. 집에선 항상 No라고 하잖아."

"뭐라고? 같은 회사에 다니면서 그렇게밖에 못해? 진짜 너무 못났어."

남편은 자기 속은 더 썩는다고 했다. 남편은 아내를 좋게 달래기도 했다고 한다.

"자기야, 회사에서 좀 힘을 빼고, 사람들도 덜 신경 쓰면 훨씬 오래 일할 수 있어."

그러면 아내는 "그럼 회사를 그만두는 게 낫지. 대충할 거면"이라고 대답하니 대화가 되지 않는 아내 때문에 자꾸 술만 마시게 되고, 그러면 또 싸움이 일어난다고 했다.

이렇게 서로 자기 심정을 알아달라며 상대 탓만 할 때는 상담자가 '알아주는' 역할을 대신한다. 아내 입장에 서면 아내 말도 맞고, 남편 입장에 서면 그 말 또한 충분히 공감되었다. 내가 알아주자 두 사람은 조금씩 진정되었다. 그래서 상대 탓을 줄이고, 자기 심정을 한 톤 낮춰서 말해달라고 했다.

상담실에 팽팽하게 흘렀던 긴장이 조금 누그러졌다. 그

들도 집에서 얘기할 때보다 훨씬 낫다고 하지만, 여전히 자기 입장에 몰두해 그것을 설득하고, 이해받고 싶어 했다. 어쩌면 당연하다. 그들의 진심을 어떻게 만나게 할 것인가? 당장 자기 마음보다 상대의 마음에 더 집중하자는 말은 통하지 않을 것 같고, 그래서 이것을 개별 상담으로 진행해야겠다 싶었다. 그래서 다음번에는 부부가 따로 상담하는 것이 어떨지 물어보니, 의외로 두 사람 모두 같이하는 것이 좋다고 했다. 그들의 뜻이 맞은 순간이었다.

"아아, 두 분 의견이 같네요. 왜 같이하는 것이 좋은지 먼저 누가 말해주시겠어요?"

"같이 상담을 해야 남편이 이때라도 제 말을 들을 수 있어요."

"제 생각엔 한 사람 얘기만 들으면 선생님이 헷갈리실 수 있으니까요. 일단 두 사람 모두 있는 데서 양쪽 이야기를 들으셔야 할 것 같아서요."

그들이 하는 말의 밑 마음을 잘 살펴보니 상담자가 공정한 판결을 해줄 것을 기대하고 있었다. 상담자가 객관적 입장에서 누가 더 잘못했고, 누가 무슨 문제가 있는지 가려주길 바라는 것이다. 내가 그런 역할을 하긴 어렵지만, 그래도 그들이 같이 대화하길 원하는 것은 좋은 징조이니 다음 시간도 부부 상담으로 잡았다.

_____ 대화의 시작은 우선 잘 들어보는 것

일주일 뒤 다시 그들과의 상담 시간이 왔다. 그들을 어떤 심정으로 만날까 잠시 생각해봤다.

'빨리 뭘 해보려는 욕심을 내려놓자.'

경험상, 그 부부는 대화가 잘되길 원한다고 말하지만, '네가 내 말을 잘 들어주고 이해하면 대화가 잘 통할 거야'라는 마음이 여전히 강할 것이다. 그래서 일단 '상대방 말을 듣는 것'에 초점을 두기로 했다.

다시 3명이 상담 테이블에 앉았다. 어디서부터 누가 먼저 얘기할지 막막한 가운데, 내가 먼저 일주일간 어떻게 지냈는지 물었다. 두 사람은 지난주와 비슷하게 상대방이 달라진 것은 없다고 했다. 나는 이번 상담에서 꼭 필요한 것이 있다고 말했다.

"관계를 회복하고 싶은 마음이라면 우선 상대방 이야기를 잘 듣는 것이 중요해요."

"지난번에도 잘 들었는데요."

"이번에도 잘 듣는 것인데, 상대방이 달라지길 원하는 마음을 잠깐 내려놓고요. 상대가 말하는 것을 있는 그대로 들어보는 것입니다."

두 사람은 동의했다. 그래서 각자가 원하는 것을 자세히 얘기했고 또한 상대의 이야기를 잘 들었다. 중간 중간 끼어들면서 자기 입장을 말하기도 했고, 긴장이 고조되기도 했다. 하지만 서로 요약해보자고 하니, 몇 번 수정했을지라도, 남편은 아내의 말을 이렇게 정리했다.

"그러니까 와이프 말로는 회사 업무는 제대로 하지 않으면 욕을 먹거나 인정받을 수도 없지만, 집에서는 밥을 사 먹어도 되고, 청소와 빨래는 좀 밀려도 된다고 말하는 거네요."

이어서 아내도 남편의 말을 요약했다.

"이 사람 말은 결혼했으니 아내 역할이란 것이 있고, 그것을 잘해야 가정에 행복이 온다고 말했어요."

그렇게 요약을 해놓고, 자기 생각과는 아주 다르다고 했다.

몇 회의 상담에 걸쳐서 두 사람은 결혼생활에 대해 각자 기대하는 바를 이야기했다. 그것을 있는 그대로 들어주는 시간을 반복했다. 점점 대화가 깊어지면서 그녀는 자신의 욕구와 동기를 좀 더 선명하게 알아차렸다. 항상 남에게 좋은 인상과 좋은 모습으로 남으려 하고, 욕을 먹지 않기 위해 너무 신경을 쓰다 보니 쓸데없는 일도 많다는 것을 깨달았다. 그녀의 부모님이나 집안 분위기는 늘 '예의, 체면, 이목'을 중시했고, 거기에서 벗어나면 많이 혼났던 것을 회상했다.

남편은 아내가 자기 마음을 조금씩 알아가고 있음에 안도하고, 아내를 많이 이해했다. 그러면서 자신도 신혼에 대한 단꿈이 컸음을 자각했고, 아내에게 너무 부담을 준 것 같다고 느꼈다. 아내가 어릴 때 자기 편할 대로 어리광을 못 부렸는데, 이제 그것을 한다고 생각하니 좀 더 받아줄 수 있었다. 그녀 역시 자기 성향 때문에 신혼을 더 재미있게 보내지 못하는 것에 미안함을 느끼고, 남편의 마음을 바라보기 시작했다.

상담이 끝나갈 무렵 아내는 확신에 찬 듯 말했다.

"공부 잘하고 성취만 하면 오케이였던 우리 엄마처럼 남편도 똑같이 당연하게 그러리라 생각했는데, 역시 결혼은 현실이네요?"

그녀의 말을 듣자마자 남편이 웃으면서 답했다.

"나는 당신이 회사에 있는 다른 사람들에게 하는 걸 보고, 마음 넓고 친절한 사람이니 결혼해서 내게 더 잘할 것 같다고 엄청 기대했거든."

두 사람은 서로 피장파장이라면서 크게 웃었다. 그렇게 두 사람 사이의 벽은 허물어졌다. 서로의 마음을 있는 그대로 보기는 참 어렵지만, 부부 사이에 꼭 해야 하는 일이다.

헤어짐,
훌륭한 선택

_____ 기대 그리고 좌절

F와 나는 상담 테이블에 앉아 있다. 우리는 곧 도착한다는 남자 M을 기다리고 있다. 그녀에게 상담을 먼저 시작할지 물어보니 좀 더 기다려보자고 한다. 그녀의 기다리는 마음은 이미 이 상담 테이블에서 드러나고 있다. 그녀의 제스처와 표정에서 감정이 전해진다. 지금 기분이 어떤지 물었다.

"자주 느끼는 거라서 별일 아니에요."

"자주 무엇을 느끼시는지요?"

"음, 자주 답답함, 꽉 막히는 것 같은 느낌, 그런 것이요."

M이 들어왔다. 나는 두 사람에게 어떤 점 때문에 커플 상담을 하게 되었는지 물었다. 그녀가 조심스럽게 가느다란

목소리로 입을 뗐다.

"우리가 좀 싸우는데요. 제가 이 사람을 좀 덜 다그쳐야 하는데, 자꾸 다그치게 돼요. 싸우지 않으려면 어떻게 해야 하는지 그래도 전문가와 함께 얘기해보고 싶어 왔어요."

내가 남자에게 눈길을 돌렸으나 남자는 눈 맞춤 없이 창 쪽이나 책상 쪽으로 눈길을 옮기며 대답했다.

"F가 말한 그대로예요. 싸우는 것도 지겨워서요. 자기 말대로 좀 다그치지 않으면 싸움 날 일도 없거든요. 저는 F가 좀 마음을 느긋하게 가지면 될 것 같은데, 자꾸 상담실 가서 말하자고 하니까 따라왔죠."

F는 이 시간이 절실했고, M에겐 그런 것 같지 않았다. F와 M의 눈 맞춤에서 진정성이 느껴졌으나 M의 목소리에서는 차가움이 느껴졌다. 나는 남자에게 질문했다.

"F가 주로 무엇을 다그치나요?"

"저희가 지금 동거하는데요, 빨리 출근해라, 먹은 것을 치워라, 뭐 그런 식으로, 결혼한 것도 아닌데 계속 잔소리하는 거죠."

"그럴 때 어떤 반응을 하는지요?"

"듣기 좋은 소리도 계속 들으면 싫잖아요. 그냥 저도 욱하죠. 그래도 저는 금방 풀리기는 하는데, F는 또다시 그 얘기를 해요."

F에게 왜 다그치는지 물었다. 그녀는 M의 눈치를 보면서 말했다.

"이 사람 성격이 느긋해서요. 일을 대충대충 하니까 자꾸 구멍이 나거든요. 자기야, 다 얘기해도 돼?"

"마음대로 해."

"여기서는 우리 형편을 다 말해야 되는 거니까 다 얘기할게."

자초지종은 이러했다. F는 작은 카페를 운영하는데, 커피 마시러 자주 오던 손님 M과 사귀기 시작했다. 그녀는 M이 수입 오퍼상을 하고 있고, 자신감도 있고 재미있어서 좋았다. M에게 결혼 의향을 물어보니 아직 그럴 형편이 안 된다고 하면서 1년만 더 기다려달라고 했다. 그러면서 어차피 결혼할 거니까 절약 차원에서 동거하자고 했다. 그렇게 동거한 지 6개월이 되었다. 그런데 같이 살면 살수록 그는 너무 느긋하고 성실하지도 않고, 돈을 모으려는 생각도 없어

보였다. 그러니 그녀는 왜 그런 식으로 일을 하는지 돈을 왜 그렇게 많이 쓰는지 다그치게 된다는 것이었다.

이어지는 그들의 말에서는 남자의 허영심과 거짓말도 드러났다. 예컨대 그의 수입은 일반 직장인보다 못한데도 중고수입차를 할부로 사서 타고 다니고, 자기 용돈 쓰느라 그녀에게 생활비도 못 내놓았다. 그리고 그녀가 가게 인건비를 줄이려고 주말에 좀 도와달라고 하면 그는 일한다고 거짓말을 하고 놀러 다녔다. 그런 이유들로 싸우게 되는데도 그는 다그치는 사람 탓을 하고 있었다. M에게 그녀가 다그치는 심정과 이유를 알고 있는지 물었다. M은 결혼해서 빨리 안정을 찾기를 원하는 그녀 마음을 정확하게 알고 있었다. 그런데 이상하게도 M의 태도와 눈빛이나 목소리에서는 미안함이 느껴지지 않았다.

_____ 과연 그는 그녀를 사랑할까?

나는 M이 그녀를 사랑하는 것 같지 않았다. 한쪽의 사랑을 확인할 수 없을 때 상담자는 더 정신을 차려야 한다. 왜

냐하면 사랑하고 있지만, 분노나 갈등의 골이 깊어서 사랑이 가려진 것인지 아니면 아예 사랑하고 있지 않은지를 구분해야 하니까 말이다. 이러한 경계경보는 내 마음속에서만 울리게 두고, 왜 싸우는지 어떻게 하면 덜 싸울지에 초점을 두었다.

두 사람이 싸움의 이유를 해석하는 방식은 주객이 전도된 상태였다. 미안할 사람은 남자인데 오히려 자기가 욱하는 게 그녀 탓이라는 듯 말하고 있고, 그녀는 다그치는 자기가 문제라고 한다. 지금 남자의 무책임한 태도가 싸움의 원인인데, 두 사람 모두 그것을 피하는 것 같았다. 분명히 그녀는 남자의 그런 문제들을 심각하게 여기고 있으면서도 자꾸 자기 탓으로 돌리고 있었다. 상담에서는 이것을 다루는 것이 주요 과제였다. 이 커플 상담이 그녀의 개인 상담 맥락에서 진행된 것이기에 그녀가 자기 탓을 하는 문제를 다루는 게 중요했다.

다음 상담 시간에는 심리검사를 실시해 그 결과를 참고했다. 그녀는 검사 결과, 책임감이나 자아 이상이 과도하게 높았다. 그는 근거 없는 희망과 과도한 자신감이 높았다. 그들이 현재 생활하면서 드러내는 모습이 검사에서도 잘 드러났다. 결과를 간단히 그들에게 설명해주었다.

그녀는 자기 책임감이나 높은 기준 때문에 상대방에게 깊게 관여하다가 안 되면 좌절하는 패턴을, 그는 의욕과 자신감이 높아서 시작은 잘하는데, 끝이 흐지부지되고 그것을 또 너무 가볍게 여기는 패턴에 관해 설명했다. M은 아랑곳하지 않았다.

"전 최선을 다하고 있어요. 잘될 거고요, 다."

"그건 자기 생각이지, 세상이 그렇게 호락호락해?"

M은 불쾌해했다.

그는 성실하지 않으니 믿음을 갖기는 어렵다. 특히 책임감 강한 그녀는 더욱 그랬을 텐데, 왜 그를 붙잡고 있는 걸까? 대부분의 커플을 봐도 이런 정도면 다그치는 게 아니라 그냥 헤어질 텐데, 그녀는 왜 헤어지지 않을까? 그녀가 그 이유를 잘 알아가는 것이 사랑보다 중요하다.

다음 상담 시간에는 그녀가 혼자 왔다. M이 굳이 오늘도 상담을 해야 하냐고 했단다. 나는 M은 아직 상담받을 준비가 안 된 것 같으니, 그녀에게 당신 마음에 집중하자고 했다.

_____ 위험한 낙천성에서 벗어나다

"왜 헤어지지 않아요?"

"그 사람의 의욕과 생기를 보면 저도 그렇게 되는 것 같았어요. 그이가 조금만 꼼꼼하게 일하고 성실하면 제 일도 같이하고, 좋을 수 있다고 기대했죠. 게다가 이대로 헤어지면 빌려준 돈도 못 받을 것 같고요. M은 내 것 네 것 개념이 없어요. 갚을 마음도 전혀 없어 보이고요. 정말 그런 면이 너무 싫어요."

그런데도 그를 붙잡고 있는 것은 그녀의 위험한 낙천주의가 한몫했다. 안타깝게도 그녀는 그의 문제를 너무 낙천적으로만 생각하려고 했다. 게다가 그녀는 좋은 방향으로 그를 변화시킬 수 있다는 의지를 키워갔다. 그러나 그를 대하면서 그녀의 감정은 늘 폭발 직전이었다. 차라리 폭발을 해버렸으면 남자도 동거를 포기했을 텐데, 그녀가 힘들게 참으면서 다그치는 정도에 그친 것이 그들의 힘든 관계를 계속 가게 했다.

그녀에게 M을 바꿀 수 있다고 생각한다면 위험하다고 했다. 그녀는 그것을 알지만, 헤어지기 어려운 현실적 이유를 말했다.

"열심히 산다는 기준이 그 남자와 저는 너무 달라요. 그가 바뀌지 않을 거라는 것도 알겠어요. 그런데 헤어지려고 하니 그동안 그 사람에게 쏟아 부은 시간과 돈이 아깝고 억울하네요."

그리고 더 깊은 이유도 알아차렸다. 그녀는 돌아갈 곳이 없는 것 같았다. 그 남자가 조금만 더 좋아진다면 거기서 안주하길 바랐다. 어떻게든 자기 사랑을 성공시키고 싶었다.

이것은 자기를 함정에 빠트릴 수 있는 바람이다. 맞출 수 없는 퍼즐을 끝까지 맞추려 한다고 될 일이 아니다. 그 남자의 마음에는 그녀에게 준 많은 손실과 고통에 미안함도 책임감도 없으니 말이다. 그가 호언장담한 대로 1년 안에 결혼한다 해도 그녀는 계속 같은 문제로 힘들 수 있음을 확실하게 인정해야 한다. 자신이 노력하면 타인이 변할 것이라는 생각을 접어야 한다. 그것도 되는 사람에게만 맞는 말이다.

얼마 뒤, 그녀가 M에게 헤어지자고 했을 때 M은 매달리며 사랑을 고백했다. 그녀는 흔들렸다. 그녀는 그의 말 대신 행동을 보았다. 그녀가 중요하게 생각하는 가치와 소신을 그가 얼마나 받아들이고 노력하는지. 예상대로, 그는 그런 행동을 보여주지 못했고, 그녀는 너무 힘들었지만 헤어짐을 택했다.

자기 마음에 집중하고, 소신과 가치관과 취향을 존중하다 보면 이제 자기에게 어울리는 사람을 더 잘 볼 수 있을 것이다. 겉으로 보이는 모습만이 아니라 속을 볼 수 있게 된다.

내가 보는 그녀는 예뻤다. 순수했다. 착했다. 성실하고 근면했다. 그런데 그녀는 자기의 그런 멋진 모습을 거의 모르고 있었다. 이제 아름답고 행복하게 사랑하고 싶다면, 사랑에 성공하고 싶다면, 그녀는 자신의 멋진 점을 더 많이 발산하면서 비슷한 생각과 가치관을 가진 사람을 만나야 할 것이다. 그녀는 이제 그럴 수 있다.

기나긴 단절 끝의
화해

상담실에 들어오자마자 오늘도 그녀는 눈물부터 쏟았다. 자신을 그림자 취급하는 남편 때문에 더 이상은 견디기 힘들다는 호소가 이어졌다.

"남편은 현관문 열고 들어와서는 소파에 털썩 앉아요. 마치 빈집에 들어오는 사람처럼. 아들이 아빠~, 하면서 놀아달라고 하면 레고를 잠깐 맞춰주고는 컴퓨터 방으로 들어가요. 밥을 차려놓아도 안 먹으니 그냥 아들이랑 먹고 치워요. 그러면 자기 혼자 다시 차려 먹어요."

그녀는 이런 생활을 벌써 한 달째 하고 있는데, 화도 내고 달래기도 했지만, 남편의 단절은 여전하다고 했다. 결국 그녀의 분노도 극에 달했다가 요즘엔 잠도 못 자고, 소화도 안되고, 가슴에 뭔가 하나 얹힌 것처럼 통증도 있다고 했다.

그녀는 화병이 났다. 지난 시간엔 그녀의 화병 증상과 심리검사 결과를 다루었다. 오늘은 그녀에게 이렇게 심각한 단절이 일어나게 된 직접적인 계기를 물었고, 그녀는 이야기를 풀어놓기 시작했다.

"남편이 성실해요. 근데 너무 재미가 없어요. 가끔 놀러가자고 하면 이 핑계 저 핑계, 대화를 해도 단답형. 막연히 불만이 쌓였는데, 그러다가 남편이 주식으로 돈을 좀 까먹었거든요. 평소에도 돈이 별로 없어요, 저희 집이. 그래서 제가 돈 얘기를 좀 자주 하거든요. 여하튼 주식 때문에 너무 화가 나서 싸우다 보니 관계가 더 나빠졌고요. 얼마 전에 시댁에 같이 갔는데, 제가 시댁 식구들한테 주식 이야기를 해버렸어요. 그때부터 남편이 그래요."

그날, 집으로 돌아오는 길에 남편은 고래고래 소리를 질렀다.

"그 얘길 왜 해! 그리고 네가 어떻게 돈 없다는 소리를 그렇게 당당하게 할 수 있냐?"

"돈이 없어서 힘들다고 하는 게 뭐가 그렇게 큰 잘못이야!"

"진짜 너는 잔인한 여자야. 네가 그 정도로 형편없을 줄 몰랐다. 하도 돈 없다없다 하니까 주식을 좀 했고, 잘될 때도 있어서 너도 받으셨잖아, 그러다가 좀 손해를 본건데, 정말 너랑 나랑은 아니다. 그냥 끝내자."

이 말을 끝으로 남편은 입을 다물었다. 남편은 헤어질 준비가 되면 그때 자신에게 말하라고만 했다.

이런 자초지종을 이야기하다 보니 50분이 흘렀다. 아내는 과연 남편 말대로 이대로 헤어져야 하는지 혼란스러웠다.

_____ 남편의 진짜 마음

아내는 몇 차례 상담을 더 하면서 남편이 같이 상담 받았으면 좋겠다고 했다. 그러나 희망 사항일 뿐이다. 이럴 때는 아내가 남편의 진짜 마음을 알아서 거기에 접근하는 길밖에 없다. 나는 그녀에게 질문했다.

"침묵과 단절로 일관하는 남편, 그의 어떤 것을 건드려서 그럴까요?"

"자존심이 상했던 것 같고, 자기 부모, 형제에게 자기 흠을 까발렸다고 생각하는 것 같아요."

"자존심을 건드린 적은 이번이 처음인지, 이전에도 그랬는지요?"

"왜 그렇게 월급이 적냐? 돈이 없다는 말을 자주 했죠."

작년에 남편이 직장을 옮긴 이유도 돈에 대한 아내의 불만이 큰 몫을 했다고 한다. 그런데 막상 가보니 너무 일도 많고, 실적 압박도 심해서 힘들어했는데, 그녀는 연봉이 올라갔는데도 그래도 쓸 돈이 없다는 또 푸념을 했다고 한다. 그런 자기 모습을 돌아보며 남편을 참 힘들게 했다는 것을 깨달았다.

"그러니까 또 주식을 했던 것 같아요. 남편이 그때 싸우면서 했던 자기를 무시했다는 말이 이제 좀 이해가 가요. 남편은 어떻게든 수입을 좀 올리려고 애를 썼는데 제가 계속 푸념을 하니까 남편은 무시당한다고 생각했던 것 같아요."

그녀는 남편의 침묵 그리고 단절의 의미를 좀 더 깊게 알아차렸다. 남편의 과도한 시위 행동을 용서할 수 없다는 처음의 태도는 많이 누그러졌다. 화병 증세도 거의 사라졌다. 상담을 거듭하면서 그녀는 남편이 왜 직장을 옮겼는지 왜 주식을 했는지 그 마음에 전혀 관심이 없었음을 깨달았다. 자신의 무심함을 돌아보니 남편이 새삼 고마웠다. 그녀는 어떻게 해야 남편 마음이 풀릴지 도통 깜깜하다고 했다.

그녀와 나는 궁리 끝에 손편지를 전해보기로 했다.

『여보, 정말 많이 미안해. 내가 정말 잘못한 것 같아. 당신이 많이 노력하고 애썼는데, 내가 당신 마음을 너무 모르고 바가지만 긁고, 불만만 늘어놓으니 참 힘들었을 것 같아. 이제 식탁에 같이 앉아서 밥 먹고 싶어. 밥 차릴 테니 우리 세 식구 같이 먹자고⋯.』

화해는 쉬웠다.

그녀의 편지를 남편은 읽었다고 한다. 그녀가 편지에 쓴 대로 밥을 차린 뒤 같이 먹자고 했더니 처음에는 별 반응이 없던 남편이 드디어 같이 앉았다. 말없이 밥을 먹고 나서 남편은 아내에게 '고마워'라는 말을 건넸다. 그때부터 얼음이

녹듯이 두 사람 사이의 긴장이 걷혔다. 아내도 '고마워'라는 말로 받았다. 그들은 대화하기 시작했다. 남편은 그간 무시받는 느낌이 들어 많이 고통스러웠고, 점점 침묵하면서 이상하게 마음이 굳어졌다고 했다. 아내 상담이 종결되어가는 시점에서 남편도 함께 상담을 했다.

남편은 돈이 없다고 푸념하는 아내의 심정을 이해해 이직하고 주식까지 했는데 그것을 하나도 알아주지 않았던 아내에게 섭섭함이 쌓였다고 한다. 그런데 속으로만 원망하다 보니 분노가 더욱 커졌다고. 내가 맞장구를 치며 말했다.

"맞아요. 돈 없다는 말은 정말 듣기 싫다고도 하고요, 노력하고 있는데 왜 알아주지 않는지 하소연도 하고요."

남편은 자신도 너무 아내와 소통하지 못했음을 반성했다. 이제 자기 마음을 드러내는 것에 좀 더 노력하기로 했고, 아내가 놀러 가자고 할 때 그것을 좀 맞춰보기로 했다.

사랑하는 사이에서 싸움과 화해는 바늘과 실이다. 싸움은 너무 자연스럽고 당연한 일이지만, 그 이후에 화해가 없어서는 안 된다. 이제 두 사람은 싸우지 않기로 다짐한 것이 아니고, 잘 싸우고 잘 화해하기로 했다. 다툼 뒤에 냉전이나 단절의 기간은 짧을수록 좋다. 그들에게 화해를 축하한다고 전하고, 두 사람이 자축하길 권했다. 화해의 대화도 사랑의 고백만큼 가치 있다.

내가 몰랐던
내 남자의 조건

_____ 서로 다른 결혼 조건

상담 테이블에 그와 그녀는 서로 마주 보고 앉아 있다. 다른 커플들은 두 사람이 상담자를 향해서 앉는 경우가 많은데, 지금 이 커플, 특히 남자는 여자 쪽으로 몸이 향해 있다. 그리고 상담 초기에 조급하고 성질부터 냈던 그녀의 태도는 달라져서 한결 천천히 말하려고 한다. 그들과 몇 차례 상담을 하면서 자초지종을 충분히 들은 상태였고, 그들의 상호 작용 방식도 파악했다. 그래서 오늘은 상대방에게 하고 싶은 말을 해보는 것으로 시작하자고 했다.

둘은 그동안 서로 많이 말했다고 했지만, 나도 동참해야 하니 전하고 싶은 말을 해보기로 하고 상담을 시작했다.

그가 먼저 그녀에게 조곤조곤 말을 건넨다.

"이제 몇 년 있으면 내가 마흔이잖아. 우리도 그만큼 했으면 할 도리는 다한 것 아닐까? 부모 허락이 꼭 필요할까? 우리 둘이 가진 돈으로 전세 얻으면 되고, 좀 모자라면 대출받고 그렇게 우리 결혼 시작해보자."

그녀는 한숨을 쉬면서 나 한 번, 남자 한 번 보면서 대답한다.

"오빠 말도 맞기는 한데, 지금 우리 직장의 동선 가운데에 집을 얻으려면 꼭 대출은 해야 하거든. 아니면 더 작은 집이나 허름한 집을 얻어야 하는데, 나는 좀 내키지가 않아. 내가 부모 허락을 받고 싶은 이유는 오빠도 알잖아. 대출받지 않고 아버지에게 좀 도움 받으면 우리가 좀 덜 힘들 수 있잖아. 그리고 또 부모 마음을 아프게 하면서까지 내 행복을 찾는 것이 좀 걸리기도 하고."

그녀의 말에 그는 차분하게 대답한다. "대출도 천천히 갚으면 되고, 결혼해서 잘 살면 부모님 마음도 풀리실 거야."

이런 말에도 그녀의 한숨이 다시 이어지니 그의 표정에

살짝 짜증이 비쳤다. 그에게 지금 어떤 생각이나 감정이 일어나는지 물었다.

"힘도 빠지고, 좀 화도 납니다. (그녀에게) 너는 결혼하고 싶은 거 맞아? 혹시 나를 못 믿어? 아버님처럼 나를 좀 부족하게 보는 거 아냐?"

"아버지가 결혼식에도 안 오신다는데 나보고 어떻게 하란 말이야?"

이야기를 들어보니 그들의 결혼에서 문제는 부모 반대가 아니었다.

_____ 그녀의 우선순위는 무엇일까?

그녀는 그 상담 테이블에서 더 이상 어떤 반응을 하지 않았다. 그에게 잠깐 나가 있으라고 요청하고 그녀와 대화를 나누었다.

"아버지가 다른 사람 만나라고 성화세요. 저 사람도 눈치를 챘는지 결혼을 빨리하자고 하고요."

"그렇군요. 그런데, 결혼을 결심하지 못하는 진짜 이유가 단지 아버님 때문만은 아닌 것 같네요. 솔직하게 털어놓으면 마음이 더 선명해져서 정리와 결정에 도움이 될 거예요."

"결혼을 현실로 느끼고, 당장 이것저것 따져보니 이 남자 형편이 걸리는 거예요. 성실하고 직장도 안정적이지만, 그이 부모님이 지방의 작은 집에서 적은 수입으로 살아가시니 의존은커녕 앞으로 돌봐드려야 할 것 같더라고요. 그것도 부담스럽고. 게다가 대출을 받아도 괜찮은 아파트에 갈 수 없는 것도 싫고요. 그동안은 아버지한테 결혼 자금을 받을 수 있다고 믿어서 이런 걱정을 안 했는데, 이렇게 반대하며 어떤 것도 지원을 안 해주겠다고 하니, 이렇게 되었죠."

부모의 반대로 결혼 브레이크가 걸린 것은 맞다. 하지만, 그녀가 그동안 선명하게 의식하지 않았던 결혼 조건, 그녀가 주관적으로 느끼는 풍족한 경제적 조건이 진짜 브레이크였다. 그러한 결혼 조건을 언제부터 가졌는지 묻자 그녀는 언제부터라고 말하기 어려울 정도로 당연한 것으로 생각했다고 한다. 즉, 그녀는 지금처럼 여유있게 사는 것을 기본으로 생각했고, 아버지가 자신의 부족한 부분을 다 채워줄 것이라 믿었다.

그녀에게 그의 어떤 점을 사랑하는지 물었다. 그녀는 그의 성격이 참 좋다고 했다. 우선 그는 그녀만을 바라본다고 했다. 그리고 대화도 잘되고, 술이나 담배도 하지 않고, 운동이며 취미가 잘 맞는 편이라고 했다. 그녀 말을 들으니 남자의 성격도 그녀와 맞는 편이었고, 그의 품성도 좋은 편이었다. 결혼해도 충분히 잘 맞는 짝으로 여겨졌다. 그런데도 그녀는 더 무언가를 원했다. 서운하게 여길지도 모르지만, 그녀에게 "욕심이 많은 것 아닐까요?"라는 질문을 남기고, 다음 시간을 약속했다.

다음 시간에 두 사람은 같이 상담 테이블에 앉았다. 그녀는 아버지에게 다시 결혼 자금을 부탁해보았지만, 역시 거절당했다. 둘은 그 일로 또 부딪혔지만, 이제 더 이상은 설득할 문제가 아니라고 정리가 되었다고 한다. 그의 표정은 무거워졌고, 그의 자세는 이제 그녀보다는 나를 향해 있었다.

"제가 더 좋은 남자가 아닌 게 문제죠. 요즘엔 더 많이 가져야 하는데, 제가 그것을 좀 외면했나 봐요."

그녀는 그에게 미안하다고 했다. 지난주 상담하고 자기 마음도 혼란스러워졌다며 결혼을 잠깐만 미뤄두자고 했다.

그는 지금까지도 결혼을 미뤄서 나이도 많이 먹었고, 이제는 결단해야 할 것 같다고 답했다. 그동안 부모 반대가 주요 원인인 줄 알았는데, 부모 탓을 할 일도 아니었음을 알았다. 그는 그녀가 무엇을 원했는지 몰랐던 것이 문제라고 했다. 자신도 그녀와 아주 잘 맞는다고 생각했지만, 사실 그녀의 결혼 조건에 경제적 조건과 집안 형편이 있음을 알아차렸다. 그러고 나니 좌절감도 분노도 일어났지만, 그것은 자신이 알아서 처리할 부분이라고 말했다.

내가 보기에도 그 남자는 대화가 잘되면서 통찰도 잘했다. 그리고 정서적으로도 안정된 편이었고, 관계를 맺는 능력도 좋았다. 그에 비하여 그녀는 풍족하게 살아왔지만, 온실 속의 화초 같은 면이 있었다. 그리고 아직 부모에 대한 의존심과 불안도 많아서 결혼해서도 그것은 계속 문제 될 소지가 있었다. 나는 결혼 조건 중에서 심리적 조건이 매우 중요하다고 본다. 여자보다 남자의 심리적 조건이 한결 더 나아 보였다. 즉, 부모 자녀 관계, 현재의 자존감과 정서적 안정성, 관계의 역사 면에서 남자는 괜찮았다. 그녀의 아버지나 그녀는 이런 점을 얼마나 중요하게 생각할까?

_____ 독립, 축하해

상담하다 보면 연인의 관계가 앞으로 어떻게 될지 예측될 때가 많다. 그녀의 심리 역동을 볼 때 그의 이런 심리적 조건을 놓기 어려울 것 같았다. 놓치면 아까울 수도 있다. 그녀는 아버지에게 의존했지만, 독선적이고 권위적인 성격을 싫어했다. 그래서 그 남자를 더욱 좋아했고, 부모 반대에도 떠날 수 없었다. 그녀가 아버지를 따르지 않으면 처벌될 것 같은 두려움과 아버지에 대한 의존심을 깨닫고 극복하고자 노력한다면 결혼은 물론 자신의 성장까지도 기대할수 있다.

그녀와 그는 결혼을 잠시 접어두기로 했다. 그녀가 극복하고 싶다며 시간을 달라고 그에게 부탁했기 때문이다. 그녀는 상담을 거듭해나가면서 자신에게 그가 얼마나 필요하고, 소중한 존재인지 깨달았다. 자신이 원하는 아파트보다 그리고 좀 더 풍족하게 사는 것보다 그 남자에게 자신이 존중받는 그 자체가 더 중요하다고 느꼈다. 중심이 잡혀가고, 조금씩 아버지에게서 심리적으로 벗어나고 있었다.

그녀는 상담하면서 자기 마음을 존중했다. 동시에 아버지에게 불만과 화도 드러낼 수 있었다. 그녀의 자아는 힘이 세졌다. 그래서 나는 아버지에게 좀 더 성숙하게 마음을 전해보자고 했다. 그 연습의 하나로 아버지에게 결혼 자금과 같은 얘기를 빼고, 그 남자에 대한 자기 진심을 말해보자고 했다. 그녀는 아버지에게 그 남자가 왜 좋은지 구구절절 말했고, 그 사람이 아니면 결혼하기도 어렵다고 했다. 그녀는 틈틈이 부모에게 "우리는 잘 살 수 있어요"라고 말했고, 우리 둘에게 투자하면 절대 아깝지 않을 것이라는 농담도 했다. 그녀는 아버지 앞에서 자기 목소리를 당당히 냈다.

이제 두 사람은 마음을 합쳐 결혼 준비를 해나갔다. 엄마도 그들의 편이 되었다. 그들은 예식장을 계약했다면서 내게 기쁜 소식을 전해주었다.

외도 그 이후,
믿음을 찾다

_____ 발각 그리고 위기

상담실에 아내가 먼저 들어오고, 남편이 뒤따라 들어오면서 "처음 뵙겠습니다"라고 인사했다. 우리 세 사람은 테이블에 삼각형으로 앉았다. 남편은 외도를 하다가 발각되어 아내에게 손이 발이 되도록 빌었고, 앞으로는 절대 그런 일 없을 것이라고 다짐한 상태였다. 그러나 아내는 남편에게 시도 때도 없이 화가 나고, 계속 의심이 일어나 조절이 어려운 상태였다. 그런 의심과 분노는 외도 전후의 사실관계를 파악하지 않은 이유도 있었기에 나는 그녀에게 남편과 대화해보라고 권했다. 아내가 남편에게 외도 얘기를 하자고 했더니 남편은 상담자와 같이 말하는 게 낫겠다고 제안하여 이런 시간이 마련되었다.

나는 그녀에게 궁금한 것부터 한 가지씩 물어보라고 했다. "확실하게 정리한 거야? 내가 어떻게 믿을 수 있어? 어디서 어떻게 만났고, 왜 빠진 건지 말해. 왜 집에까지 그런 문자를 보낸 거야?"

남편은 힘들게 말을 꺼냈다.

"친구들이랑 노래방에 갔다가 거기서 합석을 해서 만났어, 미안해."

그녀는 남편의 말이 시작되자 손발을 떨었고, 무척 괴로운 듯 보였다. 남편도 힘들게 이야기하면서 그녀에게 되도록 솔직하게 말하려는 듯했다. 그리고 자기가 너무 바보 같았고, 미안하다고 말했다. 그녀는 어떻게 당신이 그럴 수 있냐고 절규하며 울음을 터트렸다. 평소 화를 참는 편이었던 그녀의 모습과는 정반대였다.

그렇게 속내를 터뜨리며 화를 내는 것은 외도 사건 이후 처음이라고 한다. 이렇게 정당하게 화를 풀어놓는 것 자체가 그녀에겐 약이다. 감정의 해소가 매우 필요한 시점이다. 그녀의 그런 절규에 남편도 혼비백산해서 자기 심정을 더 털어놓았다.

"나도 그 여자에게 빠지게 된 게 너무 바보 같은데, 그 여
자가 자꾸 좋다고 하고, 나를 추켜세우니까 내가 잠깐 미쳤
었나 봐. 하지만 나도 그러면 안 될 것 같아서 그만 만나자
고 했어. 그런데 그 여자가 미쳤는지 당신에게 그런 문자를
보낸 거야."

남편은 자책감 속에서 외도 상대에 대해 큰 분노를 쏟아
내었다.

_____ 믿음의 회복

두 사람은 이렇게 대화를 시작할 수 있었다. 이제 희망이
보인다. 아내가 외도를 알게 됐을 당시에는 나도 참 까마득
했다. 아내의 휴대전화 문자로 사진이 한 장 날아왔는데, 기
가 막히게도 그것은 여자의 뺨에 입맞춤하는 남편 사진이
었다. 아내는 눈을 의심하며 다시 보았다. 분명 남편이었
다. 숨을 못 쉴 정도로 기가 막혔다. 그 길로 남편 회사로 달
려갔다. 사진을 보여주었다. 남편은 당황해 입을 열지 못했

다. 그녀는 알뜰살뜰 가정을 잘 꾸리며 작은 아파트도 사서 이제 행복하게만 살면 된다고 생각했는데, 모든 게 한 번에 날아간 것이다.

이 부부 이야기는 다른 외도 사건에 비해 그래도 다행인 면이 많다. 이 남편은 발각되기 전부터 이미 외도를 끝내려는 마음이었다. 그러나 이것은 상담자의 시각이고, 아내는 상처가 커서 감정적으로 녹다운될 지경이었다. '결국 마음은 다른 여자에게 가 있었네. 지금도 그 여자를 생각하겠지' 라는 생각이 들면 남편에게 마구 언어적, 신체적 공격을 했다. 그녀 마음은 지옥이 돼가고 있었다. 정신 건강에 빨간 불이 켜진 상태. 정신과에서 주는 약을 먹고 좀 진정되었지만, 남편에 대한 의심은 쉽게 가라앉질 않았다.

남편도 개인 상담을 청해서 내게 힘든 것을 호소했다. 후회와 자책도 문제지만, 도대체 어떻게 아내를 대해야 할지 모르겠다고 했다. 차라리 자기 모습을 보여주지 않으면 나을 것 같아서 늦게도 들어와 보고, 집에서도 다른 방에 있으려고 했지만, 관계는 더 나빠진다고 했다. 나는 남편에게 거리 두기를 하면 할수록 의심이 더 생길 테니 하지 않는 것이 좋다고 했다. 그리고 그 여자가 보낸 그 사진이 기억에 또렷이 남아 있으니 잊는 시간이 더 필요하고, 조금 더 버텨주어야 한다고 말했다. 그는 다시 물었다.

"아내가 느닷없이 회사로 전화해서 외도 얘기를 꺼내고 화를 내면 그때는 어떻게 하면 되나요?"

"용서받으려면 마음이 풀릴 때까지 기다려야 해요. 아내가 또 공격하기 시작하면 힘든 마음이 다시 올라온 것임을 알고 힘들게 해서 미안하다 하시고, 이따 집에서 얘기하자고 해요. 또는 그녀의 힘든 마음을 이해하는 뜻으로 한번 안아주세요. 지금은 그럴 수밖에 없어요."

남편이 그 이후에 어떻게 했는지는 남편 입으로는 듣지 못했다. 그런데 아내의 모습이 점점 나아졌다. 그녀는 떠오른 의심이나 생각을 남편에게 물어보았고, 그것을 남편은 바로 대답해주었다고 한다. 가끔 싸울지언정 그녀에게 의심은 없어졌다. 그녀는 한결 마음의 안정을 찾았다. 용서를 구하는 남편의 모습도 조금은 받아들여졌다. 이제는 분노해야 할 부분만 분노하고, 왜곡하고 확대한 생각으로 자기를 괴롭히는 일은 줄었다.

그녀도 이제 남편과 어떻게 살아가야 할지 생각해보고 답할 때이다. 그녀에게 그동안 남편과 어떻게 살아왔는지를 돌아보자고 했다. 그녀는 결혼생활 10년 동안 엄마와 주부라는 역할에 충실했던 것으로 사랑을 다 했다고 믿어왔다. 남편이 별문제 없이 회사에 다니면 자신이 내조를 잘하고 있다고 또는 아이들이 별 탈 없으면 엄마 역할을 잘해내고 있다고 믿었다. 그녀는 남편이 왜 다른 여자에게 마음을 잠시라도 빼앗겼는지 이제는 조금 이해할 수 있다고 한다. 남편이나 자녀가 느끼는 감정이나 욕구는 생각지도 못했는데, 남편은 자기를 알아주는 누군가를 원했던 것이 아닐까 싶었다.

남편은 남편대로 노력하고, 그녀 역시 마음이 풀어지면서 용서할 마음이 생겼다. 남편의 노력과 진실한 마음은 그녀가 용서할 수 있었던 절대적인 요소다. 동시에 그녀가 남편의 감정을 받아주려고 했던 노력도 매우 중요하다. 같이 사는 사람끼리 용서는 어느 한쪽에서만 노력해서 되는 것이 아니다. 두 사람 모두의 공이다.

그녀가 남편의 사랑을 확신할 수 있었던 또 하나의 일화가 있다. 상담 중간에 그녀는 이혼 이야기를 꺼냈다. 너무 분하니까 그냥 헤어지는 게 낫겠다고 했다. 나는 그녀에게 이런 상황에서 변호사는 어떤 말을 하는지 한 번 들어보고 오라고 권했다.

그녀는 변호사를 만나 휴대전화 속 사진과 모텔 숙박료 영수증 등을 보여주었다. 변호사가 물었다.

"이혼을 진짜 원하세요? 아님 혼내주고 싶으세요?"

"음, 이혼을 안 한다면 어떤 방법이 있나요?"

"남편 진술이나 여러 입증 자료가 있으니 이혼하지 않아도 남편과 상간녀에게 위자료 청구 소송을 3년 이내에 할 수 있어요. 남편이 반성하고 사과하고 있으니 이혼보다는 위자료를 받는 것이 나을 수 있어요."

그녀는 법적으로도 자신의 분노를 정당하게 인정받을 수 있다는 말에 위안을 얻었다.

변호사의 조언대로 그날 남편에게 위자료를 달라고 했더니 준다고 했다. 그리고 그 상간녀에게도 위자료 청구 소송을 한다고 했더니 남편은 아주 좋은 생각이라고 했다. 그녀는 여기서 마음이 많이 풀렸다. 위자료를 청구하는 번거로운 일을 할 생각은 아예 없었지만, 남편이 그렇게 쌍수 들고 그러자고 하니 마음이 풀렸다.

이제 아내는 남편의 진짜 마음을 보기 시작했다. 그는 힘들면 위로받고 싶어 하고 기대고 싶어 했던 남자다. 관심과 인정받고 싶은 마음도 컸던 사람이다. 물론 그런 욕구들이 아무리 강해도 외도가 정당화될 수는 없지만, 그래도 아내가 남편의 진심을 느끼면서 상황이 점점 나아졌다. 그렇게 그들은 다시 사랑할 수 있었다.

흔들리는 남편과 살면서
나를 찾다

_____ 남편의 잦은 이직

상담에서 내담자가 현실적 어려움, 예컨대 실직, 사기, 가출 등에 부딪히면 상담자도 어렵고 난감하다. 게다가 그것이 본인이 아닌 남편 이야기이고, 정작 남편이 문제 자각을 못 하는 형편일 때는 더욱. 깜깜하지만 그래도 길은 있다는 믿음으로 상담을 해나간다.

오늘은 자주 이직하는 남편과 그 아내를 함께 만나는 날이다. 아내는 남편의 잦은 이직으로 생활의 안정을 찾을 수 없는데, 이번에도 옮기겠다고 해서 남편에게 이혼하든지 상담을 받든지 하자고 한 상태였다.

남편은 자신이 직장을 옮길 수밖에 없는 이유를 아주 자세히 이야기했다. 내용을 들어보니 설득도 되었다. 남편은 조금씩 더 안 좋은 조건으로 직장을 옮기다 보니 당연히 더 힘들고 부당하게 느낀 것 같다. 조금 더 좋다고 해서 갔는데, 다른 면에는 늘 열악함이 도사리고 있었다. 내가 앞으로의 현실도 비슷할 것 같다는 의견을 이야기하자 아내에게도 들은 말이라고 했다. 남편은 일에 대한 자신의 태도를 돌아봐야 했지만, 별로 의욕을 보이지 않았다.

게다가 그의 잦은 이직이 성격적 문제와 관련되어 있음을 받아들이려면 여러 차례의 상담이 필요했다. 그러나 남편은 경제적인 이유로 상담을 계속하기 어렵다고 했다. 그는 자신이 못나서 가정에 좀 더 신경을 쓰지 못해 아내에게 미안하고, 직장이 좀 안정되면 꼭 신경을 쓰겠다고 말했다. 이렇게 본인의 문제를 잘 깨닫지 못하면 참 속수무책이다.

_____ 변하지 않는 남편

그녀는 2주 뒤에 상담실에 앉아서 한숨을 크게 내쉬었다.

안타깝게도 남편은 그녀의 만류에도 또 직장을 그만두었다고 한다. 남편은 이제 나이가 있어서 이직이 더 힘든 것 같다고 말하면서 그녀에게 실업급여를 내밀었다.

그녀의 한숨에 나도 마음속으로 비슷한 한숨을 쉬었다. 하지만, 다른 생각도 조금 내비쳤다.

"참 속상한 일이네요. 그래도 남편은 자기 소신대로 또 직장을 찾는다고 하니 믿어봐야 할 것도 같네요. 그런데요, 이제 우리가 조금은 의식을 전환해보면 어떨까요?"

그녀는 의아한 듯 나를 바라보았다. 나는 이어서 말했다. "만약 남편이 계속 변하지 않는다고 당신도 계속 괴로워야 할까요? 물론 부부가 같은 배를 탔으니 어느 정도 그럴 수 있지만, 마음먹기에 따라서 자기 인생을 이제 챙겨볼 수도 있지 않을까요?"

부부라도 각자의 개별성과 독립성을 잃지 않는 것이 중요하다고 하면서, 이런 의견을 전했다.

배우자가 어떤 문제로 허덕인다 해도 휘말리지 않고, 자기 인생을 챙기면 그것 또한 의미가 깊다. 한 사람이라도 중심을 갖고 든든하게 서면 그 가정은 그래도 잘 유지되기 때문이다. 주변에는 합법적으로 속을 썩이는 남편이 꽤 있다. 너무 일에만 빠져서 평생 아내를 독수공방 신세를 만들거나 정치를 한다고 계속 돈을 쓰기만 하는 경우나 취미에만 빠져 있는 경우나. 그것이 성격 때문이든 불타는 소신 때문이든 아내와 자녀에게 빵점짜리 남편이자 아빠인 것은 맞다. 그러나 그것이 곧 아내가 불행해지는 삶이라는 등식은 성립할 수 없다. 그래서 배우자의 문제 때문에 속 썩는 사람들에게 가끔 스스로 행복해지는 길을 찾고 싶은지 질문하기도 한다.

_____ 의식의 전환

그녀에게 우선 남편의 좋은 것을 제대로 보고 집중해보자고 했다. 하지만 그녀는 남편은 한동안 고생할 수밖에 없고, 어쩌면 직장을 못 구할지도 모른다는 생각부터 했다. 즉, 나쁜 면만 보았다. 그래도 좋은 것을 찾아보자고 다시 권하니, 그녀는 남편이 그렇게 이직을 힘들어하면서도 자기에게 맞는 직장을 찾으려 하고, 가정에 대한 책임을 다하려고 한다고 했다. 그리고 직장에서 나가라고 했던 것이 아니고 남편이 스스로 관둔 것이며 사람이 재미도 있고 융통성도 있다고 말했다.

나는 그녀에게 남편의 좋은 점을 계속 일깨워서 긍정성 전염이 일어나야 한다고 했다. 남편의 잦은 이직은 그가 직장의 나쁜 면만 너무 크게 보고 거기에 집중하는 경향 때문이었다. 그래서 그녀에게 남편의 좋은 점을 크게 봐주는 역할을 하자고 했다. 또 동시에 자신의 좋은 점도 크게 보자는 제안을 했다. 그러면서 그녀가 그동안 혼자 힘으로 아이 키우고, 살림도 잘하고, 저축도 해왔던 것을 칭찬했다. 그러자 그녀가 예전에 잠깐 일했을 때도 칭찬을 자주 들었다고 하는 게 아닌가. 나는 그녀의 삶에 자기 일을 넣어보는 것이 좋겠다고 독려했다.

그녀의 상담 시간은 점차 자기 세계에 대한 내용으로 바뀌어갔다. 자기가 일을 어떻게 할 수 있을지, 무엇을 잘하고 좋아하는지 궁리하고, 자존감이 언제부터 낮아졌는지 이야기했다. 그녀에게 상담은 새로운 의미가 되었다.

누구든 의미 있는 일을 찾는 것은 설렌다. 하지만 행복 주머니를 적어도 반 이상은 자기 힘으로 채워 넣을 수 있을 때 진짜 행복이 보장된다. 그녀는 남편과는 독립적으로 하고 싶은 것을 생각해봤다. 그동안 못 한 것들, 자기 통장도 만들고 싶고, 취미 생활도 하고 싶고, 매일 출근하는 직장인이 되고도 싶었다.

_____ 내 인생을 챙기니 남편과 더 가까워졌다

이런 소망이나 욕구들을 생각해보니 남편에게서 좀 더 마음이 떨어져 나왔다. 하지만, 현실은 만만치 않았다. 간단한 시간제 일부터 해보려고 해도 아이 키우느라 살림하느라 도통 시간이 나지를 않았다.

다행히 남편이 아직 직장을 구하는 중이라 남편에게 아이들 어린이집 등원과 하원을 부탁했다. 그리고 남편에게 당신 구직도 중요하지만, 이제 나를 도와 달라고 했다.

그녀는 한 어린이집에서 아이들을 돌보고, 자료도 만들고, 간식도 챙겨주는 도우미부터 시작했다. 활기가 생겼고, 나름 하루하루에 의미가 생겼다. 그녀는 남편에게 가사와 육아를 거듭 부탁했고, 안 들어줄 때는 진짜로 헤어지자는 말까지 했다.

남편은 집안일이 싫었는지 옛날보다 더 안 좋은 조건인 계약직으로 들어갔다. 어차피 남편은 또 조금 있다가 나올 것 같다. 하지만 그녀는 더 이상 원망하지 않는다. 남편도 힘들 테니 말이다.

그녀에게는 이제 어린이집 원장이 되겠다는 꿈이 생겼다. 그래서 여러 계획을 짰다. 남편은 아내에게 질투가 났는지 부정적인 말도 했지만, 그녀는 흔들리지 않고 공부를 시작했다.

계속 소망하던 것을 행동으로 옮기다 보니 남편 문제는 마음에서 작은 부분이 되었다. 아내가 점점 바빠지니 아무리 바쁜 남편도 아내를 돕게 되었다.

그녀는 흔들리는 남편과 함께 살면서 자기 인생을 찾았다. 몸이 힘들고 생활이 힘들 때면 그냥 포기하고 싶기도 하지만, 이제 자기 일에 대한 희망이 있어서 견딜 만하다고 한다.

"내가 유치원 꼭 차려서 당신 고용할게."

"진짜? 진심이지?"

아내는 아직 졸업도 못 한 자기 말을 믿다니 남편이 참 궁했나 싶어서 웃음이 난단다.

마음 알아주기
능력

_____ 왜 저를 싫어할까요?

"선생님, 진짜 있는 그대로 직선적으로 얘기해주셔도 좋아요. 여자들이 왜 저를 싫어할까요?"

그는 한두 번은 여자에게 거절당할 수 있다고 생각했는데, 세 번째 만남에서도 퇴짜를 맞자 자기가 무엇을 잘못하고 있는지 알고 싶다고 상담을 신청했다. 그는 이목구비도 뚜렷하고, 건장한 체격에 짧은 머리 스타일이 잘 어울렸다. 옷도 세련되게 입었고, 첫인상도 좋은 편이었다. 그의 말대로 무엇이 여자들에게 거부감을 주는지 알아볼 필요가 있었다.

그는 그간의 연애에서 자신이 어떻게 해왔는지를 말했다. 그는 여자에게 사귀자고 하면 여성들은 잘 응했고, 사귀면서는 여성이 원하는 영화나 식당에도 가고, 데이트 비용도 많이 부담하고, 집에도 데려다주는 등 잘하려고 노력을 많이 했다. 하지만 더 많은 연애사를 들어보니 여자들이 싫어하는 3가지를 자기도 모르게 하고 있었다. 첫째는 잘난 척과 아는 척. 둘째는 옛 연인 이야기. 셋째는 여자들의 감정과 원하는 것에 둔함.

최근에 그가 만났던 여자는 이전 여자들과 헤어진 것이 다행일 정도로 매력적이었다. 소개로 만났는데 그녀의 외모도 맘에 들었고, 직장도 좋았다. 무슨 기적이라도 일어난 것처럼 그녀는 그에게 호감을 보였다. 몇 번 만나면서 그는 그녀의 여러 가지 장점이 보이는 대로 좋다고 하고, 칭찬도 많이 했다. 그런데 그녀는 의외의 반응을 했다.

"꼭 우리 아버지 같네요. 잘하거나 뛰어난 것만 너무 좋아하는 거 아니에요? 좀 부담스러워요. 저는 그런 사람만은 아니거든요."

그녀의 마음을 좀 더 들어보거나 알아보려 하지 않고, 그저 그런 뜻이 아니니까 계속 진지하게 만났으면 좋겠다고 강조했다. 그리고 나서 결국 또 그녀에게 좋은 친구로 지내자는 말을 듣게 되니 힘이 쭉 빠졌다.

그간의 연애를 들어보니, 그의 언행이 빌미가 되어 여자 쪽에서 기분 나빠하며 틀어지는 경우가 대부분이었다. 하지만, 그가 했던 행동이나 실수도 문제였지만, 그녀들의 불편한 심정에 대한 그의 반응도 문제였다. 그는 어떻게든 풀어주려고 노력했다고 한다. 그러나 그것은 자기 입장을 더 설명하고 설득하는 노력이었다. 상대의 마음은 늘 뒷전이었다. 상대의 마음은 어떻고, 무엇을 얘기하고 싶어 하고, 무엇을 원하는지에 관심이 없었다. 당연히 여성들은 그에게 거부당했다고 혹은 통하지 않음을 느꼈을 것이다. 그가 가진 좋은 외모와 직업에도 이렇게 거절을 반복해서 당하는 것은 이런 정서적 소통의 결함 때문이었다.

"최근의 그녀도 부담스럽다는 자기 심정을 표현했는데, 당신은 동문서답했던 것 같네요."

"아 그랬을까요? 저는 그녀가 부담 가질 필요 없으며 지금으로도 충분히 당신은 좋은 사람이고 그러니까 우리 잘해보자는 마음이었거든요."

"부담스럽다는 그녀의 심정에 좀 더 집중하고, 거기에 관심을 가져야 대화가 좀 이어질 수 있겠죠."

"아! 이제 좀 알겠네요. 무슨 말인지."

그는 자꾸 거절당한 이유가 '여자가 원하는 것what woman wants'을 모르기 때문이라고 간단히 정리하려고 했다. 그러나 간단하지 않다. 나는 대화를 자주 중단하고, 상담 중에 보였던 그의 모습을 거울로 보여주듯 나의 말로 비추어주었다. 그가 나의 질문이나 탐색 방향에 집중하기보다는 자기 생각을 설명하려고만 했던 대목, 자기 생각을 자꾸 내게 설득하고, 동의를 얻으려고 했던 장면 말이다.

대개의 관계에서 자기 생각을 설명하려는 태도는 상대방에게 집중하지 않는 것으로 여겨지기 쉽다.

_____ 마음 알아주는 법을 알다

그가 했던 3가지 행동은 다른 남녀에게서도 자주 일어난다. 그런다고 바로 헤어지는 건 아니고, 문제를 어떻게 서로 풀어 가는지가 더 중요하다. 나쁜 의도로 한 행동은 아닐지라도 상대가 자신의 언행에 대하여 기분 나쁘다고 하면 온전히 상대방의 심정에 집중하고, 왜 그렇게 느꼈는지 어떻게 받아들였는지 충분히 말하게 하고, 사과하며 위로할 필요가 있다. 때로는 잘못한 것은 아닌데도 상대방의 오해나 착각으로 분노나 원망을 살 때가 있는데 그때가 상대에게 더 믿음을 줄 수 있는 찬스이기도 하다.

예컨대 그녀가 잘나고 좋은 것에만 환호하고 기대하는 것에 부담을 느낀다고 했을 때 나도 그런 사람인 것 같아 싫었겠다고 수용해주며, 나는 당신이 그냥 있는 그대로 좋다는 말로 대화를 해봐도 좋을 것이다. 그녀가 좋은 것에만 환호했던 아버지를 떠올리며 거부감을 표현했을 때, 그녀만의 주관적 감정일 수 있지만 그것을 받아주고 심정을 그대로 이해해주면 된다.

한편 정서적 소통의 욕구는 여자 쪽에서 더 많다고 한다. 연구에서나 상담 실제에서도 드러나는데, 그래서 연애를 잘 하려면 여자의 마음을 잘 알아주고, 교감하는 것이 필요하다. 이것은 단지 연애를 잘하기 위한 것으로 축소시킬 수는 없다. 앞으로 생길 자녀와의 관계에서도 꼭 필요하다.

특히 상대에게 사랑을 느끼게 하고, 부정적 감정을 소통하는 능력은 관계를 진전시키는 데 매우 필수적이다.

그는 조금씩 자기가 어떻게 사람 기분을 상하게 하는지 알았고, 상대방의 부정적 기분을 풀어주는 법을 배워갔다. 그의 정서적 소통 능력은 그의 열의만큼 빨리 좋아졌다. 그녀는 그의 이런 노력을 알아주었다. 그도 그녀를 사랑하지 않았더라면 노력하지 않았을 것이다. 그는 자기 사랑이 영화 〈왓 위민 원트What women want〉보다 더 영화 같다고 하면서 상담을 끝냈다.

PART 4

사랑은
R·E·S·P·E·C·T

낭만romance, 표현expression, 섹스sex, 긍정positivity, 공감empathy,

돌봄과 관여caring & commitment

그리고 신뢰trust는 사랑의 요소들입니다.

이 요소들은 당신의 사랑 속에 잘 어우러져 있나요?

사랑의 요소들의 알파벳 첫 자를 써보니 R·E·S·P·E·C·T

최고의 사랑은 곧 존중하는 관계,

그 상태라는 것을 말하고 있어요.

7가지 요소가 하나의 사랑에 한꺼번에 담기는 것은 어렵겠죠.

사랑해온 그 기간에 따라 각각의 요소는

많아지기도 적어지기도 합니다.

사랑의 초기에는 낭만과 표현과 섹스만으로도

충분히 열정적 사랑을 나눌 수 있습니다.

점차 관계가 안정되면서 또는 현실적 어려움이 생기면서

긍정적 시각과 공감, 돌봄 그리고 신뢰가 필요해지고,

그런 행동이 증가할 때 사랑이 더욱 돈독해집니다.

이러한 사랑의 요소들이 잘 어우러지면

서로간의 '존중' 그 자체를 만들어냅니다.

그럼 사랑의 7가지 요소를 살펴볼까요?

사랑의 첫 번째 요소,
낭만^{Romance}

사랑엔 뭐니 뭐니 해도 낭만이 촉촉하게 젖어 들어가 있어
야지요. 낭만적 사랑은 어떤 모습인지 한번 들여다볼까요?

"우리 사랑이 실패하면 어떡하지?"

그녀는 그의 품에 안겨서 걱정하고 있습니다.

"만약 우리가 이 순간을 망친다면 다음에 다시 시도하면
돼. 또 실패한다면 그다음에 시도하면 돼. 그렇게 우리 인
생 동안에 계속 시도하는 거야."

그는 그녀에게 속삭입니다. 그는 자기 마음이 미셸 공드
리의 영화 〈무드 인디고^{Mood Indigo}, 2014〉 속 주인공, 콜랭
과 똑같다고 하면서, 그녀와의 사랑을 끝까지 지켜낼 것이
라고 합니다. 그녀 역시 사랑의 여주인공이 됩니다. 낭만적

사랑에 빠진 둘은 서로에게 특별한 주인공입니다. 사랑을 지키기 위해서는 실패도 장애물도 뛰어넘으려는 의지가 생기고, 할 수 있다는 용기도 생깁니다. 이러한 용기와 에너지는 어디에서 나올까요? 그것은 사랑에 관한 자기의 이상과 꿈에서 흘러나옵니다. 이것은 더욱 주체적이고, 개성 짙은 사랑을 이끌 것입니다.

낭만적 사랑의 또 다른 모습을 볼까요?

"아뇨, 재밌어요. 때론 침묵이 더 재미있기도 해요."

이 말 역시 〈무드 인디고〉의 다른 주인공, 클로에의 대사입니다. 사랑에 빠진 연인들의 마음도 이와 똑같을 거예요. 연인과 함께 있는 것만으로도 재미있고, 백만 불짜리 미소가 나오고 행복하고 즐겁지요. 30년을 남편과 살아온 아내는 아직 남편이 자기를 웃게 만들어준다고 하면서 미소를 띱니다. 남편도 옆에서 웃고 있습니다. 사랑을 막 시작한 커플이든지 오래 사랑해온 부부든지, 같이 있으면서 서로 웃을 수 있다면 그것이 진정 행복한 낭만적 사랑의 모습이지요.

미국의 인류학자인 헬렌 피셔^{Helene Fischer}는 낭만적 사랑에서 얻는 기쁨과 쾌감은 뇌의 생화학적 변화와 관련된다고 합니다. 그의 연구에 따르면, 사랑에 빠진 연인들의 뇌에서는 마약을 복용했을 때 활성화되는 보상중추, 곧 중뇌의 복측피개 영역^{Ventral Tegmental Area}이 활발해지고, 도파민이라는 신경전달물질이 더 많이 분비된다고 합니다. [8] 보통 뇌 속에 도파민 수치가 올라가면 사람들은 집중력과 의욕이 증가하고, 기분 좋은 흥분을 느낍니다. 그래서 연인과 함께 있으면 도파민이 많이 방출되고, 이것은 연인들의 의욕과 열정을 만들어 내지요.

수많은 사람 중에서 유독 그 한 사람만 너무나도 크게 보이면서 가슴을 설레게 한다는 것은 참으로 신기한 일입니다. 한 사람에게 집중하고, 사랑의 독점을 기대합니다. 괜찮고 멋있는 남자의 구애를 받아도 별 동요가 없다가 평범한 어떤 남자에게 한순간에 마음을 빼앗기기도 하지요.

"그 사람과의 만남은 정말 운명적이야", "내겐 정말 그 사람뿐이야"라는 말로 그 사람과의 인연을 필연이라고 합니다. 왜 꼭 그녀이고, 그일까요? 그녀 혹은 그가 나의 사람이란 느낌은 무엇 때문에 갖게 될까요?

그것은 각자의 핵심적 욕구가 절묘한 타이밍으로 서로 잘 들어맞은 결과일 수 있습니다. 자기 앞에 나타난 그 이성에게 마구 끌리는 것은 자기 핵심적 욕구에 끌려가는 것입니다. 자기 핵심적 욕구를 알 수도 모를 수도 있지만, 그것이 충족되고 있다는 느낌을 받거나 충족될 것 같은 기대를 갖게 되면 더욱 열정적으로 됩니다. 만약 상대도 자기 욕구에 끌려가게 된다면 두 사람은 서로를 매우 갈망하게 됩니다. 사실은 자기 욕구에 아주 집중된 상태일 수 있습니다.

따라서 자기 욕구에서 비롯된 사랑이 아름답게 승화되려면 자기 욕구와 상대의 욕구를 함께 존중하면서 동시에 잘 조절해야 합니다. 만약 이를 잊고서 자기 갈망과 욕망만을 추구하고 만족시키려 든다면 낭만적 사랑의 모습은 온데간데없어집니다. '욕망에의 집착'만 남게 되지요.

조금 더 나아가서, 낭만적 사랑이 더욱 진해지고 익어간다면 어떤 모습일까요?

"최고의 사랑은 영혼을 일깨우고, 더 많은 걸 향해 손을 뻗게 해. 우리 가슴엔 열정을, 마음엔 평화를 주지. 난 너에게서 그걸 얻었고, 너에게 영원히 주고 싶어."

　실화를 그린 영화 〈노트북^{Notebook}, 2004〉의 남자 주인공 노아가 엘리에게 사랑을 고백하는 말입니다. 감정표현이 풍부한 노아의 이 고백은 특별히 낭만적 사랑의 에센스로 느껴집니다. 사랑이 자기의 영혼을 일깨워준다는 표현에서 그렇습니다. '영혼'을 다른 말로 표현한다면 '자기 내면의 소망과 꿈'이 아닐까 합니다. 연인이 자기 내면의 소망과 꿈을 불러일으켰다면 그 연인은 정말 소중하고 감사한 존재일 것입니다. 그렇다면 당연히 연인과 어떻게 사랑할지 궁리하고 실행하는 사랑의 주체자가 됩니다.

　따라서 낭만은 사랑에 관한 자기의 건강한 소망이나 꿈을 일깨우면서 살아나는 것입니다. 그러니 원한다면 얼마든지 우리는 더 낭만적으로 될 수 있습니다.

　사랑에 빠지는 방법을 과학적으로 연구한 심리학자 로버트 엡스타인^{Robert Epstein}은 사랑에 빠지는 것도 배워갈 수 있다고 합니다. 가장 손쉽게는 서로의 눈을 응시하는 것인데, 낯선 남녀가 만났을 때 서로의 눈을 바라보는 것은 분명하게 호감도를 증진시킨다고 합니다.[9]

당신의 사랑에 낭만을 더 오래 두고 싶은지요? 그렇다면 멋진 나의 모습에 그리고 파트너의 매력에 집중해보기로 해요. 그러면 더 따스한 눈맞춤이 일어나고, 힘을 돋우는 멋진 말들이 더 술술 흘러나올 수 있습니다.

사랑의 두 번째 요소,
표현 Expression

당신은 '좋아하고 사랑하는 마음'을 얼마나 표현하나요? 표현이란 자기 생각이나 느낌을 전하는 것입니다. 사랑은 표현하고 싶은 욕구를 자극합니다. 사랑하는 사람에게 애정을 표현하고 싶고, 생각하고 느끼는 것을 드러내서 그것을 같이 공유하고 싶어 합니다. 표현은 사랑을 시작하는 시점에서부터 끝날 때까지 일어나는 꼭 필요한 요소입니다. 아무리 깊은 감정이라도 혼자서만 간직하면 빛날 수 없지요. 표현해야 소통이 시작되고, 사랑도 시작됩니다.

영화 〈러브레터Love Letter, 1999〉는 사랑을 고백하지 못하고 마음속에서만 키운 짝사랑 이야기예요. 주인공 남녀는 '이츠키'라는 동명이인의 소년과 소녀입니다. 영화 내내 둘의 사랑은 각자의 가슴속에만 있지요. 서로에게 보일 듯 말 듯하면서 사랑의 화살은 서로를 비껴가 버려요. 나는 두 이츠키 누구라도 먼저 사랑을 표현하길 바랐지만, 그렇게 되지 못해요. 애틋한 짝사랑으로 끝나지요. 세월이 흘러흘러 성인이 된 소녀 이츠키가 소년 이츠키의 빛바랜 러브레터를 읽고 그의 사랑을 알게 되지만, 그는 이미 세상을 떠났어요.

현실 속에도 '이츠키'가 많이 있어요. 자기 마음속에만 사랑을 담고 있으니 사랑이 실현되지 않지요. 어떤 사람을 좋아하는데도 자기도 모르게 더 차갑게 대하고 있으니 참 안타까워요. 또 어떤 사람은 고백할까 말까 수십 번 수백 번 생각만 하다가 그냥 끝나요. 짝사랑을 하는 사람은 거절이나 이별 없이 오래 사랑하고 싶은 마음이 강해요. 그러나 '사랑해요'라는 표현 뒤에는 항상 두 갈래의 길, 사랑으로 가는 길과 거절을 받아들이는 길이 있어요. 사랑을 고백하려면 거절을 받아들일 수 있는 용기도 함께 가지고 있어야겠지요.

이렇게 해서 사랑이 시작되었다면 이제부터는 자신의 감정과 생각을 어떻게 '표현'하는지가 아주 중요해져요. 사랑을 키우는 표현의 기술을 한번 살펴봅시다.

첫째, 상대방에게 느끼는 좋은 감정이나 긍정적 생각을 많이, 자주 표현할수록 관계가 더욱 좋아진다고 해요. 당연한 이치겠지요. 그런데 커플들은 가까워지면서 부정적 감정을 더 많이 그리고 너무 편하게 다 드러내는데요, 이것은 관계 만족도를 낮아지게 합니다. 커플이나 부부는 좋은 것이든 나쁜 것이든 서로 편하게 나누는 것이 중요하지만, 긍정적인 것보다 부정적인 것이 많아지면 사랑도 시들해집니다. 따라서 긍정적인 생각과 감정을 느꼈을 때마다 바로바로 표현하는 것이 좋습니다.

둘째, 표현은 일방성이 적고, 주고받을 때 훨씬 잘되고 재미있어요. 탁구 칠 때를 상상해봐요. 서로 주거니 받거니 하면 재미있지요. 그러나 상대방이 당신이 받지도 못할 스매싱을 날리거나 요상한 서브만 날리면 재미는커녕 화가 나지요. 표현도 마찬가지예요. 서로 주고받는 것이 중요해요.

셋째, 상대에게 섭섭하거나 억울했던 감정을 그때 말하지 않고 속에 넣어두면 나중에 더 표현하기가 어렵게 됩니다. 어떤 이유에서든 불만이나 화를 자꾸 쌓아두다 보면 그 감정이 더 똘똘 뭉치고 곪아 '표현'이 아닌 '폭발'이 되기 쉬워요. 그러니까 상대방에게 조금 섭섭할 때, 조금 화났을 때, 조금 불만스러울 때 자기 마음을 표현해봐요. 그 방식은 '나 전달법ⅰ massage'이 좋아요. '너'를 탓하지 않고, '나'를 주어로 내 생각이나 감정을 전달하는 화법이지요.

넷째, 화가 머리끝까지 났을 때는 좀 누그러진 뒤 표현하는 것이 좋아요. 너무 강하게 분노를 표현하면 상대방은 내용은 못 듣고, 감정만 바로 느껴서 방어하게 되니까요. 그래서 너무 화가 났거나 허용할 수 없는 일이 생겼을 때는 자신만의 공간에서 숨을 크게 쉬면서 마음을 좀 가다듬어요. 그러고 나서 화났던 이유나 상대방이 지켜줬으면 하는 한계나 기준을 명료하게 표현합시다.

다섯째, 진심을 전하고 싶은데 잘 안될 때가 있어요. 말이 자꾸 꼬일 수도 있고, 서로 쌓인 감정이 장애물이 되기도 하고요. 그럴 때는 글이 효과적이에요. 그것도 손으로 쓴 글이요. 상대방을 생각하면서 쓴 손편지는 내 마음을 들여다보고 가다듬게 해줘요. 자신이 전하고 싶은 심정을 좀 더 부드럽고, 예쁜 말로 쓸 수 있지요. 휴대전화 문자나 SNS로 전

하지 못했던 진심이 나오기도 합니다. 사랑하는 사람에게
손편지를 써봐요.

　무엇보다도 건강한 표현을 잘하려면 자기 마음을 잘 알고
그것을 인정해야 합니다. 자기표현이 어려운 이유를 살펴
보면 자기 마음을 모르거나 애매할 때가 많거든요. 또는 알
긴 하지만, 받아들이지 못해서 그것을 차마 말하기 어렵기
도 하고요. 따라서 자기표현을 진솔하고 적절하게 하려면
자각과 수용이 먼저 필요합니다. 그러기 위해서 매일 거울
을 들여다보듯이 자기 마음도 자주 들여다보는 것이 필요
하지요.

사랑의 세 번째 요소,
섹슈얼리티^{Sexuality}

섹슈얼리티, 이 말은 인간의 성행동뿐만 아니라 성에 대한 태도, 사고, 감정 모두를 포함합니다. 섹스도 관계입니다. 성관계이죠. 남녀가 성관계를 맺어나가는 것을 보면 각자 성을 어떻게 생각하고, 어떤 태도를 취하고, 어떤 가치관을 가지고 있는지 알 수 있습니다. 섹스에 심리적 관계가 동반될 때 더욱 만족스럽고 쾌감이 커집니다. 만약 성행위 자체에만 빠져 있다면 그것은 육체적 '사랑'이라 할 수 없고, 그냥 성욕을 푸는 일에 불과하겠죠. 그래서 성행위는 사랑의 필요조건일 뿐 충분조건은 아닙니다.

사랑한다면 자신과 파트너의 섹슈얼리티를 점검해볼 필요가 있어요. 섹슈얼리티를 너무 어렵게 생각하지 말아요. 떠오르는 대로 쉽게 생각해봐요. 그 사람과의 성관계가 자신에겐 어떤 의미인지 생각해보는 것이지요.

커플이 섹스를 하게 되면 관계가 더 깊어지는 경우도 많지만, 동시에 갈등도 많이 일어납니다. 수십 가지 내용으로 싸우겠죠. 원치 않는 성관계를 계속 요구해서 싸우기도 하고, 성행위에 대한 태도가 불쾌해서 멀어지기도 합니다. 어떤 커플은 왜 야동을 보았는지 다투기도 하고, 심각하게는 임신과 관련되어 큰 갈등이 일어납니다. 이렇게 싸우는 것은 각자 성에 대한 기대, 성행위에 대한 생각과 감정, 성 의식과 성적 가치관이 모두 다르기 때문입니다. 즉 각기 다른 섹슈얼리티의 부딪힘이죠. 이런 부딪힘이 있을 때 우선은 각자가 자신의 성적 태도와 의식을 구체적으로 알아차리고, 다음으로는 상대방의 생각이나 입장도 알아보는 것이 필요합니다.

성관계를 맺어나가려면 적어도 상대방이 어떤 의미로 자신과 성관계를 하고 있는지 아는 것이 중요합니다. 사랑과 섹스는 불가분의 관계이기도 하지만, 사랑 없는 섹스가 난무하는 것도 사실이지요. 자신이 사랑 없는 섹스를 허용하지 않는다면 상대방도 그런지 알아보아야 합니다. 비슷한 성적 태도를 가지고 있는 것은 행복한 성관계를 위한 전제 조건이기도 해요.

'사랑 없는 성관계도 OK'라는 성적 태도를 가진 사람도 많고, 실제로 그렇게 행동하는 사람도 꽤 있지요. 그런데 그 사람에게 '당신의 연인이 그런 태도를 지닌다면?'으로 바꿔 물어보면 대부분의 대답은 안 그랬으면 좋겠다고 하거나 싫다고 해요. 이들은 주로 자신의 성욕은 사랑 없는 대상에게 그냥 풀어도 되지만, 파트너는 자기 성욕을 잘 참고 조절하기를 바라는 것이죠. 이들의 섹슈얼리티는 모순적이고 미숙한 상태라서 더 많이 발달시켜야 해요.

성교육 프로그램은 건강하고 성숙한 성의식과 성행동을 교육하는 것이지요. 어떻게 성관계를 맺어야 내가, 우리가 행복할 수 있는지에 관한 이야기일 것입니다. 우선, 성욕에 대한 이야기부터 해봐요.

다른 본능적 욕구와는 달리 성욕은 누군가와 함께 나누면서 충족되는 욕구예요. 자위행위도 있지만, 성관계를 할 때 더욱 큰 행복감을 느끼죠. 이것은 각자에게 일어난 성욕을 서로 공유하고 나누면서 생기는 감각, 감정입니다. 만약 어느 한쪽의 성욕이 너무 낮다면 그만큼 행복하지 않거나 심지어 싫은 감정이겠죠. 이처럼 성관계는 서로의 성욕을 함께 느끼고 서로 충족시킬 때 충만해집니다. 한쪽만 좋으면 성관계의 의미는 퇴색됩니다. '서로' 통하는 게 중요하니까요.

한쪽에서는 원하지만, 한쪽에서는 원하지 않을 수 있는데, 여기서 그 사람의 성적 태도가 나오는 것입니다. 같이 즐길 수 없는 상태임을 확인하면 서로 맞추거나 조절하려는 태도를 가져야 합니다. 강요해서는 안 됩니다. 성욕을 단순히 생물학적 욕구로만 보게 되면 '성 충동은 해소해야만 한다'라는 단순한 생각에 빠지기 쉬워요. 그러나 성욕은 참고 조절할 수 있는 욕구이며 두 사람이 함께 즐겁게 나누는 것으로 생각하면 건강한 성관계를 맺어갈 확률이 높겠지요.

성욕은 서로 더욱 원하게, 더 사랑하도록 돕는 것은 분명해요. 그러나 어떤 때는 성욕이 사랑의 감정에서 올라오는 것이 아니고, 좀 다른 감정 때문에 올라오기도 해요. 가령,

불안하고 힘들 때 더 성욕이 올라온다고 해요. 그때 성관계를 하고 나면 뭔가 풀리는 것 같다고 해요. 또는 너무 외롭고 위안이 필요할 때 성욕이 더 생긴다고 해요. 그런데 성관계할 상대가 없으니까 무리한 방법을 선택할 때도 있고요. 더 안 좋게는 상대를 통제하고 싶을 때도 상대에게 분노하면서도 성관계를 하려고 하는 사람도 있어요.

성욕은 상당한 에너지를 갖고 있어서 그런 감정들과 만나면 더욱 충동적이 될 수 있어요. 그러한 것들이 자신에게 있는지 혹은 파트너에게 있는지 생각해보는 것이 섹슈얼리티를 점검하는 일 중 하나입니다. 자신의 성행위에 어떤 심리적 의미가 있는지 진지하게 생각해보는 것이 자신의 성 의식을 좀 더 자각하고 발달시킵니다. 성과 관련된 감정과 생각과 태도는 처음에는 미숙해도 계속 그것을 옳게 생각하면 발달하고 성숙하게 돼요.

건강하고 행복한 성관계를 위해서는 성숙한 성 의식이 필요합니다. 각자의 성적 자기 결정권을 잘 행사하기 위해서 섹스에 대한 감정과 욕구를 건강하게 표현해야 하며 성관계의 의미와 결과를 서로 대화하며 논의해보는 것이 좋습니다. 상대방이 이러한 대화를 피한다면 두 사람의 육체적 관계가 진정성 있는 사랑에 속하는지 점검해봐야겠지요. 섹스는 성욕에서 시작되지만, 거기에 '마음'이 들어가야 육체적 사랑으로 완성됩니다.

당신의 성관계에는 어떤 '마음'이 담겨 있는지 한번 적어보시겠어요?

사랑의 네 번째 요소,
긍정적 시각 Positivity

긍정적 시각은 행복에 필수 영양소예요. 그런데 사람들은 행복하기를 원하지만, 긍정적 시각을 계속 유지하려는 노력은 정말 적게 하는 것 같아요. 사랑의 감정이 일시적으로 긍정적 시각을 증폭시켜주긴 하지만, 한계가 있어요. 애정 관계에서는 자기 기대와 착각이 많이 혼입되기 때문에 평소에 긍정적 시각을 가진 사람도 파트너나 배우자에게는 긍정적 태도를 갖지 못하고 많이 흔들리기도 해요. 따라서 행복하고 만족스러운 관계를 위해서는 긍정적 시각을 계속 유지하려고 노력해야 합니다.

사회심리학자 머리 Sandra L. Murray 연구팀은 대학생 커플 100쌍에게 1년 동안 주기적으로 3번에 걸쳐 동일한 설문 조사를 했어요.[10] '파트너가 얼마나 내 이상형에 가깝다고 생각하는가?'라는 질문을 하고, 관계에서 얻는 만족도를 조사했지요. 그 결과는 상대방의 좋은 면을 부각해서 보는 정도가 높을수록 만족도가 높았으며 헤어질 가능성이 낮은 것으로 나타났어요. 상대를 더 좋게 보고, 존중해주는 정도가 높을수록 서로의 자존감이 더 높아지는 것은 지당한 현상입니다.

이를 긍정적 환상positive illusion의 효과라고 하는데요, 이후의 부부를 포함한 연구에서도 배우자의 성향을 더 좋게 보고, 관계에서의 자기 책임감을 더 중시하며, 부부관계의 앞날을 더 희망적으로 볼수록 만족감이 더 높다는 것이 나타났습니다.[11]

긍정적 시각이 부족하면 반대의 모습들이 나타나지요. 좋은 것은 당연한 것으로 치부해버리고, 부족하고 나쁜 것을 계속 보면서 푸념합니다. 행복은 저쪽 밖에서 오는 것으로 믿고, 행복하기를 잠시 미뤄둡니다. 그러나 행복하려는 의지를 잘 살리면 나쁜 일 속에서도 서로 사랑을 다질 수 있고, 어려움 가운데서도 좋은 것을 느낄 수 있어요.

긍정심리학자인 마틴 류보미스키^{Lyubormisky}는 행복의 공식을 다음과 같이 설명하고 있습니다.¹²

> 타고난 기질과 같은 이미 결정된 것(S)
> +
> 행복(H) =   환경적 상황적 여건(C)
> +
> 개인의 의지와 선택에 의한 활동의 산물(V)

현재 어쩔 수 없는 타고난 기질과 환경적 여건을 고정해 놓고 보면, 행복하려는 의지와 그 활동을 해나가는 것이 큰 부분을 차지한다고 말하고 있어요.

이 행복의 공식을 증명해주는 부부 이야기를 잠깐 소개합니다. 저는 수년 전에 파킨슨병의 치료를 돕는 심리상담 프로그램을 개발하고 진행했었어요. 그때 파킨슨병을 앓는 아내와 그녀의 남편을 만나서 4시간의 단기적 심리상담을 했었지요. 그날 만났던 부부는 10대 자녀 2명을 두었어요. 아이들을 생각하니 그녀의 질환이 더욱 안타까웠지요.

아내의 움직임 자체와 떨림 등의 증상이 그렇게 나빠지는 않았으나 아내는 절망에 빠진 모습이 역력했어요. 그녀는 아이들을 보면 더욱 비관적 생각과 분노가 일어난다고 했어요. 남편은 바로 말을 이어서 아내가 파킨슨병으로 죽기 전에 절망에 빠져 죽을 것 같다고 걱정이 많았어요. 남편은 "여보, 치료를 잘 받고 있으면 좋은 약이 나올 거야"라며 아내에게 희망을 갖자고 했지요.

그럼에도 아내는 말도 안 된다는 소리를 한다면서 그 말을 거부했어요. 순간 분위기가 아주 가라앉았지요. 그렇지만, 그들의 이야기를 잘 들어보면 아내는 남편과 애들 걱정, 남편은 아내 걱정으로 더욱 고통스럽고 불안한 것이었지요. 상담 2시간 동안 마음이 무거웠지만, 그 부부의 힘을 보았지요. 서로 위하는 마음, 그리고 깊이 사랑하고 있음을 느낄 수 있었어요. 그래서 저는 걱정이나 불안보다는 사랑하는 마음에 집중하고, 어떻게 사랑할지 궁리하자고 했어요. 교과서 같은 말이긴 했지만요. 하지만, 그들은 진짜 저력이 있었어요.

2주 후에 다시 그 부부를 만났을 때 부인의 얼굴이 조금 편해 보였습니다. 일주일간 어떤 좋은 것이 있었는지 써보자고 했습니다. 그녀는 떨리는 손으로 '이제 우리 집은 행복한 느림보들의 집'이라고 썼어요. 무엇인지 묻자 부인은 남편이 지난주에 냉장고에 써 붙여놓은 말이라면서 웃었죠.

"이 사람이 저에게 약간의 압력을 주는 거잖아요. 천천히 해도 되니까 좀 움직여보자. 그래서, 그래, 더 움직여보자, 라는 생각이 들었어요."

남편은 그것을 어떤 심정으로 썼는지 말했지요.

"하하, 제가 압력 좀 주었죠. 우리 천천히 행복하게만 살자, 그거죠. 그동안 우리가 너무 바쁘게 살았으니까 하나님께서 이제 천천히 살아라, 그러시는 것 같아요. 그래서 애들에게도 공부 조금만 해도 되니까 천천히 하고, 놀 때도 천천히 놀라고 하니까 애들도 좋아하더라고요."

남편은 평범한 회사원이었지만, 대단한 치료자이자 수행자 같았어요. 부인 말로는 평소에 이기적이고 잘 삐지기도 했었는데, 자기가 아프니까 남편이 점점 멋있어진다고 하더군요. 아내는 당연히 더 기운을 차릴 수밖에 없다고 했어요. 자신의 몸은 점점 굳을지언정 마음까지 빨리 굳어지지 말자고 다짐도 하고요. 아내는 기분이 나아지면 한결 동작이나 움직임도 괜찮아지는 것 같다면서 요리도 운동도 더 많이 했다고 합니다. 손이 떨려도 '사랑해'라고, 애들에게 편지를 쓸 거라고 했어요.

나는 그들에게 사랑을 배우고, 너무 큰 감동을 받았지요. 특히 아내에겐 점점 더 멋있어지는 남편을 만났으니 좋겠다고, 부럽다고 했습니다. 어렵고 힘든 가운데서도 긍정적인 것을 바라보고 그것을 같이 나누는 것 자체가 행복이고, 사랑이었습니다.

위에 소개된 부부의 이야기는 그저 따스한 이야기만은 아닙니다. 실제로 실험적 연구에서도 긍정적 감정의 활성화는 만성 통증을 줄여주는 역할을 하는 것으로 입증되기도 했지요.[13] 그러니 사랑이야말로 통증을 잠시라도 잊게 해주는 특효약일 수도 있지요.

사랑의 다섯 번째 요소,
공감 Empathy

공감, 이 시대에 정말 많이 쓰는 단어입니다. 그만큼 필요하고 중요한 것이겠지요. 공감을 하려면 상대방의 심정에 관심을 갖고 집중해야 해요. 상대 입장에서 헤아리며 같이 느끼는 것이죠. 뿐만 아니라 그것을 언어적으로 알아주는 것이기도 하고요. 공감을 서로 주고받는 것은 정열적인 사랑의 감정과는 아주 다르지요. 자신의 감정이나 열정은 뒤로 하고, 상대의 경험과 감정을 있는 그대로 헤아리는 것이니까요.

공감을 동감과 구분 지어볼게요. 공감은 문자적 의미로는 다른 사람에게 '감정을 이입한다 feeling into'라는 뜻이고, 동감 sympathy 은 상대방이 경험하는 감정이나 기분을 똑같이 느끼는 상태로, '~와 같이 느낀다feeling with'라는 뜻입니다.[14] 즉, 공감은 상대방을 충분히 있는 그대로 알아주고, 비슷한 감정을 같이 느껴주되 자기를 잃지 않는 상태라고 할 수 있어요.

예컨대, 지방 발령을 받아서 좌절감과 분노에 휩싸여 있는 남편의 심정을 있는 그대로 이해하는 것은 공감이지만, 남편과 똑같이 좌절하고 실망하는 그 상태가 되면 동감하는 것으로 볼 수 있죠. 부인은 남편과 똑같이 좌절하고 앞이 깜깜했지만, 자기가 그것을 더 표현하면 남편이 더 힘들어질까 봐 '공감적 표현'을 했습니다. 즉 "여보, 정말 속상했겠다. 힘들었지?" 자기 감정에 머물기보다 남편 심정에 좀 더 머물러준 것이죠. 그러면 남편은 맘이 조금 놓이며 술술 자기 심정을 더 얘기하게 됩니다. 절망스러운 심정과 함께 퇴사해버리고 싶은 충동까지 털어놓으면서 조금 속이 시원해집니다. 그렇게 얘기하고 나면 다시 기운을 차릴 수 있을 거고요.

이와 같이 공감은 상대방에게 자신의 내적 경험을 인정받는다고 느끼면서 자존감도 올라가면서 자기 개성을 찾도록 도와줍니다. 공감을 자주 하는 사람에겐 더 큰 이득이 있습니다. 집중력과 이해력을 높이고, 창의성도 길러줍니다. 사회성과 이타성의 근본이기도 합니다. 공감의 이득은 이미 많은 연구에서 밝혀졌답니다.

영장류의 뇌 속에는 모방과 관찰 학습의 신경적 기초를 제공하는 거울 뉴런이 있어요. 거울 뉴런은 사람 사이에 정서 전염을 일으키죠.[15] 가령, 우리는 다른 사람의 표정을 보고 비슷한 표정을 짓게 되며 하품을 따라 하기도 하지요. 혹은 다른 사람의 고통을 볼 때 같이 긴장감을 느끼고 표정이 일그러집니다. 특히 사랑하는 사람의 고통을 보면 더욱 고통스럽지요.

그런데 거울 뉴런은 공감 능력의 생물학적 근거이긴 하지만, 그것 자체가 공감 능력을 갖게 하는 것은 아닙니다. 공감 능력은 상대방과의 감정적 교류를 통하여 학습되고 향상됩니다. 후천적으로 길러지는 것입니다. 즉, 자신의 감정을 타인이 알아주고 반응해줄 때 그리고 타인의 감정에 집중하고, 그것에 반응하면서 길러집니다. 아기 때부터 부모나 돌봐주는 사람과의 감정 소통에서 공감을 배우게 되는 것이 일상적이지만, 이후에 좋은 친구나 스승과의 감정 소통을 통해서도 공감을 배웁니다.

특히 사랑은 공감을 연습하고 함양하기 좋은 경험입니다. 그래서 부부 상담에서는 공감적 반응을 증진하면서 관계를 회복해나가지요. 특히 정서중심 부부치료[16]에서는 파트너의 말에 담긴 정서를 잘 인지하고 적절한 반응을 연습하는 것을 강조합니다. 커플의 의사소통에 관한 많은 연구에서, 싸움이 일어나는 이유의 하나가 말의 내용 그 자체보다는 감정이 무시되거나 반박되기 때문이라고 합니다. 그러므로 사랑을 더 잘하고 싶다면 파트너가 겪었던 사건이나 일 속에서 어떤 감정을 느꼈는지 알아주려고 해야겠지요.

하지만 사랑하면 할수록 공감이 힘들어진다는 말을 종종 들어요. 앞에서도 말했지만, 사랑하는 사이에는 자기의 욕구와 기대가 많이 투영되고, 그것을 내려놓지 못하기 때문에 파트너가 말하는 그 자체를 있는 그대로 이해해주기가 어렵지요. 때론 파트너를 빨리 좋아지게 하고 도와주려고 하다가 더 공감을 못 하게 되기도 하고요.

소설 《82년생 김지영》이 영화로도 나와서 사람들의 관심을 많이 받았죠. 한 대목을 인용해봅니다. 김지영과 그의 남편 정대현은 출산을 앞두고 아기 양육을 고심하다가 결국 김지영이 퇴사하는 쪽으로 결론을 냈어요. 그녀는 우울해졌고, 남편 대현은 옆에서 그녀를 위로했어요.

"애 좀 크면 잠깐씩 도우미도 부르고, 어린이집도 보내자. 너는 그동안 공부도 하고, 다른 일도 알아보고 그래, 이번 기회에 새로운 일을 시작할 수도 있는 거잖아. 내가 많이 도울게."

대현은 진심으로 하는 말이었어요. 그러나 지영은 화가 나서 말했습니다.

"그놈의 돕는다는 소리 좀 그만할 수 없어? 살림도 돕겠다, 애 키우는 것도 돕겠다, 이 집 오빠 집 아니야? 왜 남의 일처럼 선심 쓰는 것처럼 그렇게 말해?"

맞벌이 부부에게 자주 일어나는 다툼이에요. 돕는다는 말이나 앞으로 새로운 일을 다시 찾아보자는 말은 직장을 포기하는 아내의 심정과는 거리가 멀지요. 아내는 육아를 위하여 자기 삶의 의미를 하나 떼어내는 일을 겪는데, 남편은 그것 자체를 헤아리기보다 아내가 빨리 편안하게 퇴사와 육아를 받아들였으면 하는 마음부터 말로 먼저 나갔지요. 그렇다고 남편이 지영을 사랑하지 않는 것은 아니에요. 아내는 자기 심정을 남편이 있는 그대로 알아주고 이해해 주면 그것으로 충분했는데, 남편은 좀 더 희망적인 말로 위로를 하고 싶었던 거예요.

이렇게 사랑해도 때론 공감이 어려워요. 하물며 내가 직접 비난을 당하는 상황이라면 정말 공감이 어려워지겠지요. 자신이 공격이나 비난을 받는다고 느끼면 순간 자기를 방어하고, 자기 입장을 빨리 설명하게 되지요. 즉 상대방에게 집중이 안 되고, 자기 마음에 집중이 됩니다. 그러면 싸움이 돼버려요. 상대방은 싸우고 싶은 것이 아니라 무언가를 전하고 싶었을 텐데요. 양쪽 모두 좌절이죠. 그러면 이때 어떻게 공감을 하지요?

그럴 때 공감적 태도를 가질 수 있는 방법 하나를 제안할게요. 그것은 새로운 시각을 가져보는 것입니다. 새로운 시각이 어떤 것이냐고요? 상대방이 지금 나를 비난하고, 푸념하고 있을 때, '저 사람은 나를 공격하거나 질책하기 위해서가 아니라 지금 자기의 중요한 욕구를 강하게 전하고 싶은 거구나'라는 시각입니다. 그러면 일단 상대방이 뭐라고 말하는지 집중할 수 있게 됩니다. 무엇 때문에 불만과 화를 가졌는지 일단 있는 그대로 듣고 나면 자신이 사과를 할지 해명을 할지 좀 더 적절한 반응을 할 수 있어요.

또한, 공감 능력은 자신의 감정을 잘 알아차리고 그것을 수용하는 일과도 관련 있습니다. 평소에 자기감정에 좀 더 집중하는 것도 상대에게 공감하는 데 도움이 되지요.

사랑의 여섯 번째 요소,
돌봄과 책임 Caring & Commitment

"너의 장미꽃을 그토록 소중하게 만드는 건 그 꽃을 위해
네가 쓴 시간 때문이란다."

"사랑하는 것은 책임을 알아간다는 것이야."

- 생텍쥐페리 《어린 왕자》 중에서

'책임'이란 서로에 대한 의무를 행하는 것 이상의 의미가
있지요. 장미꽃에 쓴 시간은 그 꽃을 더 아름답게 가꾸고 싶
다는 의지와 소망이지요. 그래서 장미꽃이 더 소중하고 사
랑스러운 것입니다. 우리가 사랑하는 사람을 위하여 시간
과 정성과 노력을 들이면서 돌보고, 관계를 위해 책임을 다
하면 사랑이 더 깊어지는 것도 같은 이치입니다.

당신은 사랑하는 사람에게 어떤 돌봄 행위를 하고 있나요?

돌봄과 책임은 일종의 행동입니다. 마음속에서만 돌봄과 책임이 있을 수 없습니다. 행함이 있을 때 돌봄은 따스하게 빛납니다. 책임 있는 행동이 있을 때 관계는 더욱 견고해집니다. 사랑은 상대방을 위하여 무언가를 행하는 것임을 우리 모두 알고 있지만, 그리 쉽지가 않지요. 그래도 마음속으로 상대방을 위하여 내가 어떻게 행동할지 생각해본다면 안 하는 것보다 훨씬 행동으로 옮기기 쉽겠지요.

인간은 '돌봄'의 본성이 있다고 합니다. 《도덕의 기원》[17]의 저자 마이클 토마셀로Michael Tomasello는 인간의 가장 핵심적인 중요한 특징은 성이나 싸움, 지위 추구보다는 '돌봄'이라 합니다. 그에 따르면 돌봄의 가장 첫 단계는 자기 새끼를 돌보는 행위, 곧 '수유와 보호'인데, 이를 위하여 상대방의 상태를 헤아리는 공감 능력이 발달했다고 합니다. 그리고 빙하기와 건조기가 지구에 닥쳐서 음식이 부족해지자 '공동지향성' 개념이 생기면서 돌봄 행동은 서로 돕는 행위, 곧 '협업'으로 진화하게 되었죠. 그래서 파트너와의 협업은 적응과 생존에 필요한 요소가 되었다고 합니다.

이와 같이 관여와 돌봄의 행위는 사랑의 기초가 되었을 뿐만 아니라 서로를 지켜주고 키워주는 사랑의 행동이지요. 지금 남녀 간의 사랑과 결혼에서도 '서로 돌보고, 서로 돕는다'는 개념은 절대적으로 필요합니다. 특히 자식을 낳아 같이 키우는 부부 관계에서는 '우리와 협업'의 개념이 더욱 절실하지요. 사람들은 더불어 행복하고 싶은 소망이 있기에 사랑하면서 서로 돌보고 배려하고 책임지는 관계를 동경하고 꿈꿉니다.

그런데 이 시대에는 살아남기 위하여, 서로 돌보기보다는 자기에게만 집중하고, 자기만을 더욱 키우려고 합니다. 자신이 좀 더 많이 가져야 하고, 좀 더 높이 올라가야 한다는 강박이 강해집니다. 점점 돌봄의 행위를 외면하고 회피하는 사람이 많아지는 것 같아요. 비혼이 많아지거나 자녀 없는 결혼생활을 원하는 것을 봐도 그런 것 같습니다. 그뿐만 아니라 부부가 성격 차이로 이혼한다고 할 때 어느 한쪽의 관여와 돌봄과 책임의 결핍 때문인 경우가 많아요. 로봇을 만들어서 인간을 돌보게 한다는 소식을 접할 때면 가끔 두렵기도 하네요. 사람들의 마음속에 점점 돌보려는 의지가 줄어들어서 너무 삭막해지는 것은 아닐까 합니다. 돌봄과 배려 그리고 사랑하는 사람을 지키겠다는 책임으로 서로를 더 사랑하고 아껴봅시다. 상대를 생각하면서 작은 것부터 조금씩 매일 행하려고 한다면 그것으로 충분합니다. 그러다 보면 어느덧 내 품성도 한결 너그러워지고, 따스해집니다.

사랑의 일곱 번째 요소,
신뢰^{Trust}

"마눌님의 말씀이 최고지요"라고 말하는 남편을 종종 보게 되지요. 그는 부인 말을 잘 들어야 집안이 만사형통하다고 합니다. 뭔가를 터득했다는 투로 후배나 친구들에게 가르치기도 합니다.

이런 말을 들을 때면 저 남자의 부인은 무시무시한 권력을 갖고 있나? 또는, 저 남자는 너무 아내에게 쥐어 사나 싶기도 합니다. 그런데 그들의 부부 관계는 진짜로 화평합니다. 그 이유를 살펴보면 남편이 부인에게 믿음을 갖고 있더라고요. 젊었을 때는 부인의 잔소리가 듣기 싫기만 했는데, 사실 그 잔소리들은 모두 남편을 위하고 집안을 위하는 내용이었거든요. 드디어 그것을 남편이 알고 믿게 된 것이지요. 잔소리에 담긴 아내의 선의와 진심을 남편이 알게 되면 "알았어, 당신 말이 맞아"라는 말도 빨리 나오고요.

그런데요, 그런 말이 남편 입에서 나오기까지는 분명히 부인의 역할도 컸을 것이라 생각해요. 부인도 가정을 위해 열심히 해왔을 것이고, 잔소리와 바가지에는 애정도 많이 담겨 있었을 것 같아요. 그 잔소리에 악다구니와 분노만 담겨 있었다면 그렇게 되기는 정말 힘들겠지요. 그리고 부인도 남편을 따라주고 존중했던 것이 있었을 것 같아요. 그러니까 남편 입에서 그런 말이 나올 수 있지요. 사실 자존감이 낮은 남편은 그렇게 '부인 말이 모두 옳소이다' 같은, 부인을 한껏 올려주는 말을 하기 어려워요. 왠지 더 낮아지는 것 같고, 자존심이 상하니까요.

부부 사이에 그냥 따라주는 것이 믿음이기도 하지요. 우리가 지도자를 따를 때 믿음이 없으면 따를 수 없잖아요. 부부도 똑같지요. 그냥 서로 믿어보면 더 좋아지기도 합니다.

사실 완벽한 믿음이라는 건 없으니까요. 그래서 결속력이 강한 부부를 보면 배우자의 모든 면을 다 믿는 것이 아니고, 어떤 특정 영역에 대해서만 믿고 맡기고 따르는 경향이 있어요.

　신뢰는 혼자서 키울 수 없는 것이지요. 서로 믿음을 주고받을 때 튼튼히 형성됩니다. 어떤 부인은 남편이 어른 아이처럼 너무 철없게 행동해서 못마땅하고 믿을 수가 없었다고 해요. 그런데 어느 날, 내가 남편을 믿어주지 않으면 어디 가서 믿음과 지지를 얻을 수 있을까, 싶어서 그냥 좀 모자란 느낌이 있어도 믿고 따르려고 했다고 해요. 그러니까 남편도 오히려 책임을 가지고 잘하더라는 거예요. 이처럼 상호 믿음은 먼저 믿어주면서 시작되는 것 같아요.

　종종 신뢰의 문제로 계속 싸우는 부부나 연인을 보면 서로 지켜야 할 예의나 도리를 지키지 않아 싸움이 시작되지요. 각자 역할을 잘 안 했을 때, 금전적으로 거짓말을 하거나 상의 없이 돈을 썼을 때, 그리고 배우자가 내 편을 안 들고 다른 누군가의 편을 들 때 일어납니다. 또, 성적으로나 정서적으로 외도가 일어났을 때 위기가 오죠. 이외에도 신뢰의 문제는 상당히 다양한 내용으로 도전을 받는데, 한 번 금이 가면 메우기 어려우니까 더 갈라지기 전에 빨리 대처하는 것이 필요해요.

상대방이 신뢰 문제를 얘기할 때는 가장 먼저 나 자신의 행동을 돌아봐야 합니다. 상대가 왜 나를 못 믿는지, 왜 의심하는지 생각해봅니다. 자신이 거짓말이나 위선을 범했다면 바로 인정하고 사과하고 설명해야 하지요. 오해를 받는다면 친절한 설명과 충분한 대화를 해야 하고요. 내가 어떻게 반응하는지에 따라 그 관계에 신뢰가 쌓일지 아니면 금이 갈지 판가름이 납니다.

'신뢰'는 오로지 겉으로 보이는 행동에 기초해서만 쌓이지 않습니다. 보이지 않는 긍정적인 속마음을 느끼면서도 쌓입니다. '보는 것이 믿는 것이다Seeing is believing'라는 말도 맞지만, '보이는 것이 다가 아니다It is not what it seems'라는 말도 맞습니다. 상대를 진정으로 믿고 싶다면 보이지 않는 진심도 볼 수 있는 눈이 필요합니다. 드러난 것 아래 진심 말이에요. 사랑하는 사이에는 특히, 현명하게 상대를 믿는 것이 중요합니다.

Love is behavior

이 책을 읽고 나서 사랑에 관한 어떤 마음이 드나요?

이제 사랑을 시작해보자는 마음인지요. 사랑하는 그 사람과 다시 새로운 사랑을 해보고 싶은지요. 너무 힘들고 무거운 사랑은 이제 그만 내려놓고 싶은지요. 어쨌든 사랑하기로 했다면, 사랑 한번 제대로 해보지 않으시겠는지요?

당신이 그동안 시간이 없어서 사랑을 못 했다면 다른 일을 줄이고 시간을 쪼개서라도 데이트를 해보고 한밤중에 연애편지라도 써봅시다. 또한 사랑할 사람이 없었다면 두 눈 크게 뜨고 마음의 문을 활짝 열고 자신의 반쪽을 찾아봅시다. 그러면 만날 수 있습니다. 그 사람과 갈등 중이라면 우선은 갈등 속에 있는 그 사람의 진심을 한번 알아주기로 해요.

이 글을 엮어 가다보니, 삼십년간의 저의 사랑과 갈등도 다시 한번 되돌아보게 되네요. 미숙했던 싸움을 생각하면 후회와 반성이, 즐거운 추억을 생각하면 기쁨이 일어났어요. 특히 엄마 아빠 싸움 때문에 스트레스받았다고 했던 아들의 말도 더 생생했어요. 미안하기도 고맙기도 하니, 더 사랑하면서 살자는 마음도 더 굳어집니다. 그래서 때론 사랑을 하나둘씩 행동으로 옮겨 보니 모두가 웃을 수 있는 시간이 훨씬 많아지더라고요. 더 가볍고 밝고 만만한 것이 됩니다.

이 책을 쓰면서, 감동적인 사랑 이야기를 꽤 찾아 읽었습니다. 특히 우리나라 선비들의 부부 사랑을 읽다 보니 예나 지금이나 사랑의 본질은 같음을 재차 느꼈습니다. 그중에서도 퇴계 이황의 아내 사랑에 관한 일화들*은 그의 학문적

---

* 《조선의 부부에게 사랑법을 묻다》, 정창권. 푸른역사, 2015년

가르침, "심득궁행 위기지학[**]"을 몸소 그대로 실천하셨다는 점에서 참 배움이 컸습니다. 그리고 감옥에서 모진 고초를 겪으면서도 아내에게 〈사랑의 미로〉라는 노래로 생일 선물을 대신했던 고 김근태 의장의 일화[***]를 보면서도 큰 감동을 받았습니다. 그들은 제게 '사랑은 행동이다'라는 말을 더욱 선명하게 새겨주었습니다. 당신도 이것을 마음에 새기길 바라며 이제 이 책을 마칩니다.

**심득궁행(心得躬行)의 위기지학(爲己之學): 학문이란 마음으로 깨닫고 몸소 행하는 것이다. 퇴계는 학문이란 이론적 탐구에 그치는 것이 아니라 어떻게 행할 수 있는가를 탐구하는 것이며, 비로소 행함이 있을 때 완성된다고 했다. 《이퇴계의 자성록》, 이황. 최중석 옮김, 국학자료원, 2003년

***《젠장 좀 서러워합시다》, 김병민. 알마, 2017년

1. 《결혼과 소아기 감정양식》, 레온 J. 사울. 최수호 옮김, 하나의학
   사, 1997.
   Saul, Leon J. *The childfood emotional pattern in Marriage*.
   Van Nostrand Reinhold, 1979.

2. 《정신분석적 진단-성격구조의 이해》, 낸시 맥윌리엄스. 정남운
   옮김, 학지사, 2008.
   McWilliams, Nancy. *Psychoanalytic Diagnosis: Understanding
   Personalyty Structure in the Clinical Process*. The Guilford Press,
   1994.

3. KBS 5월 22일 9시 뉴스. http://news.kbs.co.kr/news/view.
   do?ncd=4206513&ref=A

4. 《스토킹, 알고 나면 두렵지 않다》, 린덴 그로스. 박성준 옮김, 문
   학사상사, 1999.
   Gross, Linden. To Have or to Harm: True Stories of Stalker and
   Their Victims. Warner Books Inc(Mn), 1994.

5. 《아들러 심리학 입문》, 알프레드 아들러. 김문성 옮김, 스타북스,
   2015.

6. Huston TL, Caughlin JP, Houts RM, Smith SE, George LJ. The
   connubial crucible: Newlywed years as predictors of marital
   delight, distress, and divorce. *Journal of Personality and Social
   Psychology*. 2001;80(2):237-252.

7. Masters, W.H.; Johnson, V.E. (1970). *Human Sexual Inadequacy*. Toronto; New York: Bantam Books.

8. 《왜 우리는 사랑에 빠지는가》, 헬렌 피셔. 정명진 옮김, 생각의나무, 2005.
    Fisher, Helen. *Why We Love: The Nature and Chemistry of Romantic Love*. Henry Holt & Co, 2005.

9. Epstein, Robert. *Fall in Love and Stay That Way*. Scientific American Mind. 2010. Jan. p26~33.

10. Murray, S. L., Holmes, J. G., & Griffin, D. W. (1996). The self fulfilling nature of positive illusions in romantic relationships: love is not blind, but prescient. *Journal of Personality and Social Psychology*, 71(6).

11. Murray, S. L., & Holmes, J. G. (1997). A leap of faith? Positive illusions in romantic relationships. *Personality and Social Psychology Bulletin*, 23(6), 586-604.

12. Lyubomirsky, S., Sheldon. K.M., schkade, D. (2005) Pursuing Happiness: *The Architecture of Sustainable Change*. *Review of General Psychology*. 9. 111-131.

13. Patrick H. F., Eric L. G.,(2015) The Role of Positive Affect in Pain and its Treatment. *Clinical Journal of Pain*. 31(2): 177-187.

14. 《정신분석용어사전》, 미국정신분석학회. 이재훈 역, 한국심리
치료연구소, 2002. 네이버 지식백과 공감(EMPATHY) 재인용.

15. 《마이어스의 심리학 탐구》, 데이비드 G. 마이어스. 권선중, 민윤
기, 전우영 옮김, 시그마프레스, 2016. p268.
Myers, David. *Exploring Psychology in Modules with Updates
on DSM-5, 9th edition*. Worth Publishers, 2014.

16. 《정서중심적 부부치료》, 수잔 M. 존슨. 박성덕 옮김, 학지사, 2006.
Johnson, Susan M. *The Practice of Emotionally Focused
Couple Therapy*. Routledge. 2004.

17. 《도덕의 기원》, 마이클 토마셀로. 유강은 옮김, 이데아, 2018.
Tomasello, Michael. *A Natural History of Human Morality*.
Harvard University Press, 2018.

사랑할 때 당신은 어떤 사람인가요?

어쨌든
사랑하기로 했다

ⓒ 권희경, 2020

개정판 1쇄 발행 2020년 10월 12일

지은이   권희경
펴낸이   이기봉
편집   좋은땅 편집팀
펴낸곳   도서출판 좋은땅
주소   서울 마포구 성지길 25 보광빌딩 2층
전화   02)374-8616~7
팩스   02)374-8614
이메일   gworldbook@naver.com
홈페이지   www.g-world.co.kr

ISBN 979-11-6536-842-5 (03180)

이 도서의 국립중앙도서관 출판예정도서목록(CIP)은 서지정보유통지원시스템 홈페이지(http://seoji.nl.go.kr)와 국가
자료공동목록시스템(http://www.nl.go.kr/kolisnet)에서 이용하실 수 있습니다. (CIP제어번호: CIP2020040646)